OFFERING YOU THE ULTIMATE GUIDE TO STRETCH

世界一伸びるストレッチ

サンマーク出版

中野ジェームズ修一

NAKANO JAMES SHUICHI

ストレッチが体にいいのはわかる。
でも、痛かったり伸び感が得られなかったりで
めんどうになってやめてしまう。

「生まれつき体が硬い」「痛いから伸ばせない」
「頑張ってもやわらかくならない」
「体質だから伸びなくても仕方がない」
こんなふうに思っていませんか。

せっかくやる気があるのに
あきらめるのはもったいない。
あなたは、まだ自分の体に最適なストレッチを
知らないだけなのかもしれません。

できない

なぜ、あなたは硬さを解消ままなのか

硬さが解消されない5つの理由

理由1 やり方が間違っている

なんとなくやっている人の多くは、じつはフォームや動きが間違っています。たとえば骨盤から上体を前傾させるべきなのに、骨盤が後傾したまま前屈。もう少し長くキープすべきなのに、サッサと次のポーズに移る。やり方が間違っていたせいで伸ばせていなかっただけ、という人は大勢います。

理由2 ポーズが合わない

知っているストレッチでは、硬い部分を伸ばそうとしても、ほかの部位の硬さや体のクセ、昔のケガなどが原因で伸びないことも……。そんなときは立位や座位を試す、イスを使うなどしてみると、これまでにない伸び感を得やすくなります。あなたは単に、自分に合ったポーズに出合えていないだけかもしれません。

理由3 頻度が少ない

ぽっこりお腹の人が2〜3日筋トレをしても腹筋は割れないように、最高のストレッチプログラムでも数回やっただけでは理想の柔軟性が身につくことはありません。でも誰の体にもストレッチによって柔軟性が増す機能は備わっているので、頻度を上げるほど伸びやすくなります。月に1回全身じっくりより、毎日こまめに数種目のほうが断然、効果的なのです。

学生時代を思い出して、
あるいは本や雑誌で見かけたポーズをまねて
「なんとなく」伸ばしていませんか。
ストレッチは、ごくシンプルな動作でできますが
じつは効果を高めるルールやコツがあります。
「続けてもやわらかくならない」
という人には
それなりの理由があるのかもしれません。

理由4 体の形状を無視している

長時間一方向にじっくり伸ばし続けても、しっかり伸びない筋肉は多数あります。なぜなら筋肉のかたちもつき方も立体的なので、同じ筋肉でも伸びる部位、伸びない部位が生じるからです。だからストレッチでもひねったり、ねじったりする動きのあるほうが望ましい。平面的な伸ばし方のせいで、柔軟性のポテンシャルを活かしきれていないケースは多いのです。

理由5 ルールやコツを知らない

たとえば太くて強靭な太ももやお尻の筋肉が硬かったら、脚より細くて力の弱い腕でいくら引っ張ったとしても伸ばしきれません。こんなときに役立つのがストレッチのルールとコツです。体重を操るなど、ひとつ知っているだけで得られる伸び感に天地ほどの差が生じることさえあります。

最高に気持ちいい

同じストレッチをしても、
すべての人で同じように伸びるわけではありません。
柔軟性には個人差があるし、部位によっても硬い、やわらかいがあります。
さらに言えば、ひとつの筋肉でも伸ばす方向や強さによって伸び感は変わります。
しかも年齢、性別、靭帯《じんたい》、腱《けん》、皮膚、ケガの履歴や生活習慣の影響まで受けるため、
一人ひとりが得られる伸び感はまさに十人十色。

「伸び感」を、あなたに

それでも多くの人に、より気持ちいい伸び感を得てもらいたくて
「世界一伸びるストレッチ」として本書にまとめました。
体が硬い人もやわらかい人も、
ひざや腰が痛くて動くのがおっくうな人も、
自分に合ったポーズやコツを見つけて、
最高の伸び感を手に入れましょう。

世界一伸びるストレッチは
こうして生まれた

トレーナーの仕事を始めて、はや25年以上。最近はプロスポーツ選手や大学陸上部の指導、俳優やモデルの肉体改造、執筆した本などで私を知ってくださる方が多いようですが、私のモットーはずっと変わらず「現場が第一」です。高校生から70代の高齢者まで男女問わず、さまざまな体形の運動初心者からトップアスリートまでの方々より寄せられる幅広い要望に応えて、それぞれが理想とする体づくりをお手伝いしています。

体を扱う分野だけに日々情報は更新されますし、まだまだ知らないこともたくさんあるので、現場に出てからもスポーツ医学や運動生理学、解剖学などを学び続けてきました。そして私は、あることに気づきました。

それは解剖学的には確実に「伸びる」ストレッチでも、人によって反応がまるで違うということです。たとえば同じ大臀筋《だいでんきん》のストレッチで「超伸びる！」と言う人もいれば「まったく伸びない」と言う人もいる。私は、解剖学的には伸びる

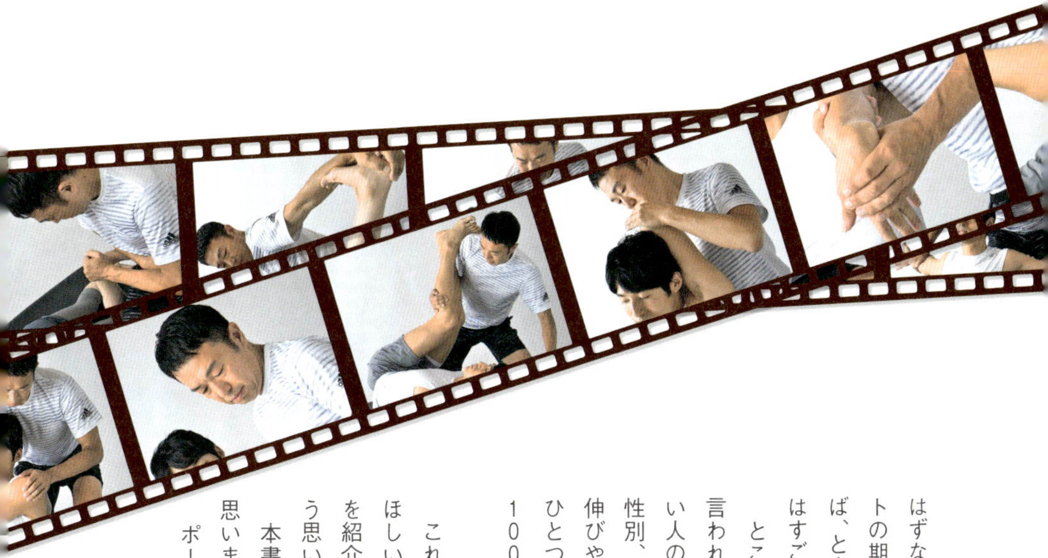

はずなのに「伸び感がない」と言われるのが不思議でした。とはいえクライアントの期待に応えられなければ、気持ちよくセッションを終えられません。ならば、と少し角度や姿勢を工夫して伸ばしてみる。すると笑顔とともに「あ、これはすごくよく伸びるね！」との答えが返ってきました。

ところが後日、別のクライアントに同じストレッチをしても「伸びない」と言われる。これを検証するために、もっと多くの方に試して伸びる人と伸びない人のグループに分け、分析してみたのですが、共通点は見当たりません。年齢、性別、身長、体重、運動経験はもちろん、温度の影響、靭帯《じんたい》、腱《けん》、皮膚、関節包の伸びや骨折などのケガの履歴、日常生活。こうした要素が複雑にからみ合ってひとつの体ができているため、最高のストレッチプログラムを組もうとしたら、１００の体があれば１００通り必要と気づいたのです。

これまで手掛けてきた本では、ストレッチの気持ちよさを体感し習慣づけてほしいとの思いから、誰もがある程度の伸びを体感できるはずの定番的な種目を紹介してきました。そこから一歩踏み込み「最高の伸び感を提供したい」という思いをかたちにしたのが本書です。

本書のストレッチを試してみて「伸び感はそこそこ」と思うポーズもあると思います。そうでなく「おお、めちゃくちゃ気持ちよく伸びる！」と感じられるポーズがあったら、それが、あなたにとっての「世界一伸びるストレッチ」です。

解剖学的に正しいとされるストレッチでは「伸びない」ことも。
多くの方々に満足していただくために重ねた
試行錯誤の末にたどり着いた
「最高に気持ちいい伸び感」を得る方法が本書には詰まっています。

本書には、クライアントの体に教えていただいた「ちょっとした工夫」と、特に多くの方に伸びを実感いただいたポーズを紙面の許すかぎり詰め込みました。「世界一伸びる」と聞くと「体の硬い自分には難しいのでは」などと思われそうですが、各部位のメインにしたのはおなじみのポーズを、より強い伸び感を得られるようアレンジしたものばかり。「新しいことを覚えるのはめんどう」という人にもやってもらえそうかなと期待しています。

できるだけ多くの方に各部位の「最高に気持ちいい伸び感」を味わっていただくために豊富なバリエーションを紹介しましたが、じつは伸ばす方法はほかにもまだまだあります。でも全部載せたら膨大すぎるので、各部位について「体の硬い人」「やわらかい人」「体に痛みを抱えた人」が「床で」「立ったまま」「イスに腰掛けて」というさまざまなシチュエーションで試し「これはいい！」と言われた頻度の高いものを厳選しました。タオルやクッションなどを使うことで圧倒的な伸びを得られるポーズまで紹介したので、ご存じのストレッチより気持ちいい伸び感を、きっと体験できるでしょう。

これまで伸び感を得られなかった部位や、自分では伸びていると思っていた部位についても「うわぁ、こんなに気持ちよく伸びる！」と実感していただけたら、本当にうれしく思います。

中野ジェームズ修一

「体が硬い人」「ひざや腰が痛い人」「もっと伸び感がほしい人」も!

本書の使い方 あなただけの世界一伸びるストレッチを見つけよう

掲載しているストレッチポーズの種類

おすすめのストレッチ
一般的なストレッチよりも強い伸び感を得られる

パートナーストレッチ
トレーナーなど専門家による伸ばし方の一例

簡単ストレッチ
ターゲットの部位がとても硬いと感じている人も行いやすいポーズ

ひざ（腰、肩）が痛くてもできるストレッチ
ひざ、腰、肩に違和感がある人でも行いやすいポーズ。痛みを直接的に解消できるわけではない
※ケガ、深刻な痛みのある人は必ず医師の判断を仰ぐこと

もっと伸びるストレッチ
ターゲットの部位の柔軟性が高い人のためのポーズ

各部位のストレッチは、基本となるおすすめのポーズのほか、
「体が硬い人」「ひざや腰が痛い人」「もっと伸び感がほしい人」などに向けたアレンジバージョンも掲載。また、体勢を変えたり道具を使ったりなど、さまざまなバリエーションを紹介しています。
もちろん障害や痛みのない人は、どのストレッチにチャレンジしてもOK。
カテゴライズにこだわらず、いちばん伸び感のあるストレッチを見つけてください。

NTENTS

CO

CONTENTS

staff
装丁 井上新八
本文デザイン 野口佳大（梅田敏典デザイン事務所）
イラスト 内山弘隆
透過イラスト 株式会社BACKBONEWORKS
編集・執筆協力 長島恭子（Lush!）
DTP 髙本和希（天龍社）
校正 ぷれす
本文撮影 臼田洋一郎
モデル 真山勇樹（GURRE） 鈴木悠
ヘアメイク TOM（f-me）
協力 森本浩之 佐藤基之（スポーツモチベーション）
衣装協力 アディダス ジャパン
アディダスグループお客様窓口（0120-810-654）
編集 小元慎吾（サンマーク出版）

chapter 1

世界一伸びるストレッチ

体が硬くなるしくみ、やわらかくなるしくみ

体が硬くなるしくみ、やわらかくなるしくみ

なぜ、あなたの体は硬くなったのか

筋肉は、使わなくても使いすぎても硬くなるもの

「体が硬くなる原因は加齢にある」と思っている人は本当に多く、「歳をとるごとに腕が上がらなくなる」「脚が突っ張って困る」など、あきらめにも似た嘆きを耳にします。

これは、もう悪しき思い込みと言ってもいいでしょう。歳をとっただけで硬くなるなら、すべての人のすべての筋肉が年々硬くなるはず。でも体のやわらかい高齢者はたくさんいますし、みなさんの体にも硬い部位、やわらかい部位がありますよね。

柔

耳の痛い話かもしれませんが、体の柔軟性が低下するおもな原因は運動量の減少にあります。仕事や家事に忙しくなると、走る、跳ぶ、投げるといった大きな動作をともなう運動が減り、生活に必要な動きばかり繰り返すようになりがちです。そうすると体力が落ちて休日も家で過ごす時間が増え、活動量もどんどん低下。動かすことで血流がよくなり柔軟性を保っていた筋肉はいつの間にか衰え、毛細血管が減り血液が届かないため、硬く縮む一方になります。

逆に使いすぎも、硬くなる原因のひとつです。

筋肉は縮むことで力を発揮するため、歩いたり姿勢を維持したりするだけでも収縮します。長時間、同じ姿勢でのデスクワークやテレビ鑑賞などを繰り返すと、姿勢を維持するためにはたらく筋肉に負荷が集中。その積み重ねで硬くなっていくのです。

使わなくても、長時間同じ姿勢でい続けても筋肉は硬くなるのですから、体を大きく動かすことは失われた柔軟性の回復にとても有効です。硬く収縮した部位を動かして効率よく伸ばせば、たとえ運動不足でも歳をとっても、体はちゃんとやわらかくなるのです。

硬

ストレッチで体がやわらかくなるしくみ

縮んだ筋肉が伸びて長くなると柔軟性も高まる

ストレッチは、その名のとおり「伸ばす」動きが特徴です。たとえば前屈をすると脚の裏側が、全身の伸びをすると腕や体の側面がグーッと引き伸ばされることを感じます。このとき、なにが伸ばされているのでしょうか。

おそらく多くの人は「筋肉」を思い浮かべたと思います。これは間違いではありませんが、正確には筋肉と「それに付随する軟部組織」。ストレッチで、筋肉とその周囲にある腱《けん》、筋膜《きんまく》、靭帯《じんたい》、関節包などの結合組織を伸ばす動きを続けると、それまでの限界を超えて関節の可動域が広がっ

関節包…線維包、滑膜からなる関節を包む組織。滑膜の内部は関節の動きをスムーズにする滑液で満たされている。

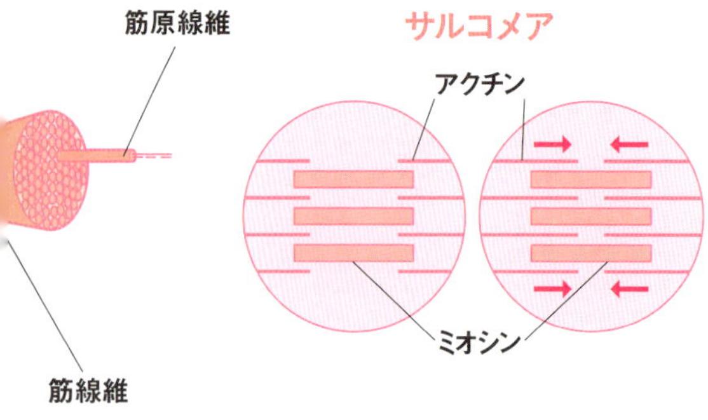

アクチンがミオシンのあいだに滑り込むと筋肉は収縮する。

て柔軟性が向上するのです。

その最大の要因は、筋肉が長くなることにあります。

ちょっと専門的ですが、筋肉のしくみの話をさせてください。筋肉は筋線維という線維状の細胞の集合体です。この筋線維は無数の「筋原線維」からなり、筋原線維は「アクチン」「ミオシン」というタンパク質による「サルコメア（筋節）」からできています。

サルコメアは柔軟性を左右する、いわば「筋肉収縮装置」。筋肉の動きをコントロールする運動神経が「縮め！」と命ずると、アクチンがミオシンのあいだに滑り込んで筋肉は収縮。逆にアクチンが滑り出ると筋肉は長くなります。ストレッチを定期的かつ継続的に行うと、このサルコメアの数が増えると考えられます。増えたぶん筋原線維が長くなり、関節可動域が広がって柔軟性が高まるのです。

ちなみに、運動後や入浴時に柔軟性がアップするのはサルコメアの数が増えたわけではなく、血流がよくなって筋膜の柔軟性が一時的に高まったからです。

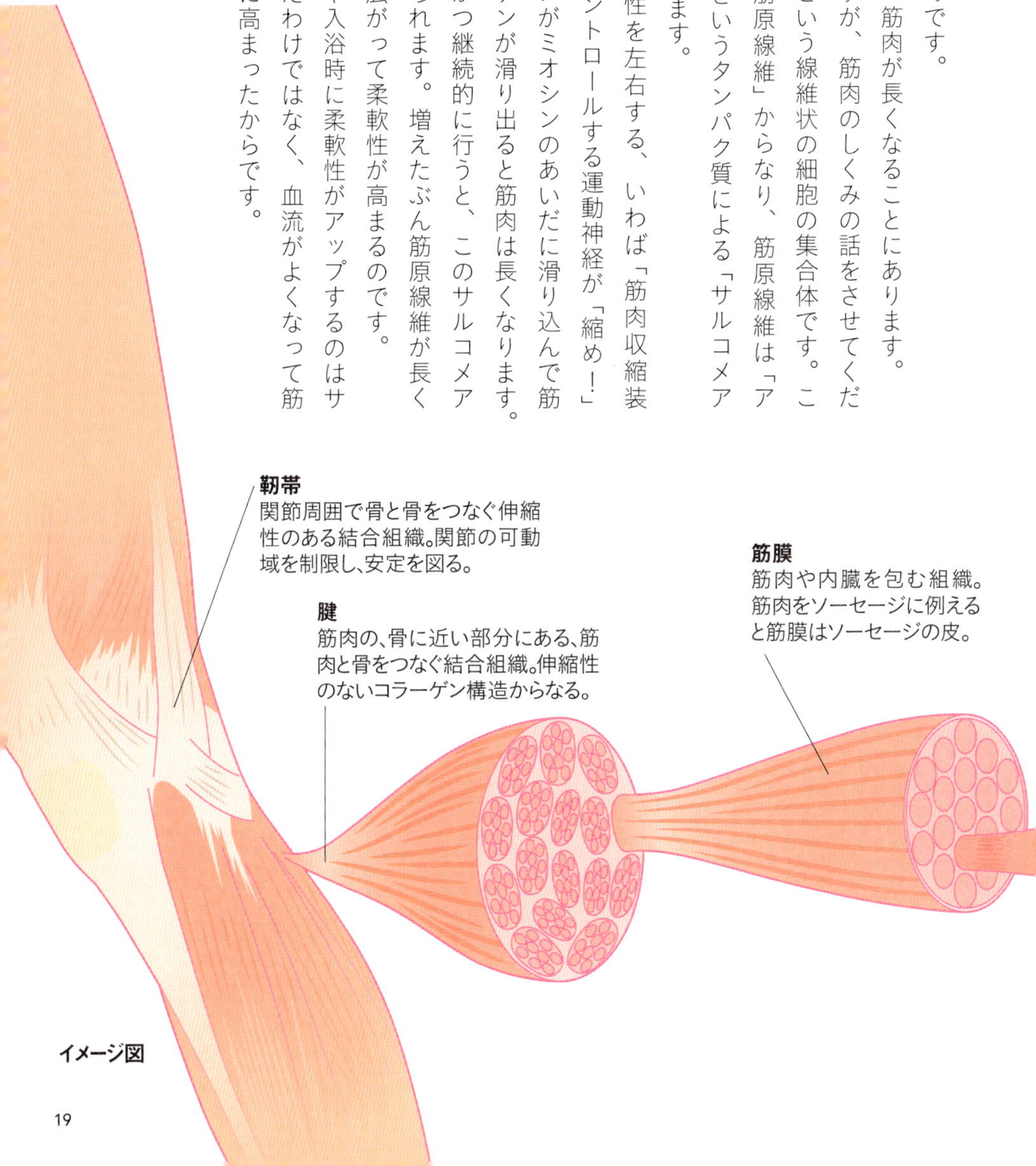
靭帯
関節周囲で骨と骨をつなぐ伸縮性のある結合組織。関節の可動域を制限し、安定を図る。
腱
筋肉の、骨に近い部分にある、筋肉と骨をつなぐ結合組織。伸縮性のないコラーゲン構造からなる。
筋膜
筋肉や内臓を包む組織。筋肉をソーセージに例えると筋膜はソーセージの皮。

イメージ図

「やわらかくならない……」は思い込み？

体の硬い人が口にする5つのこと

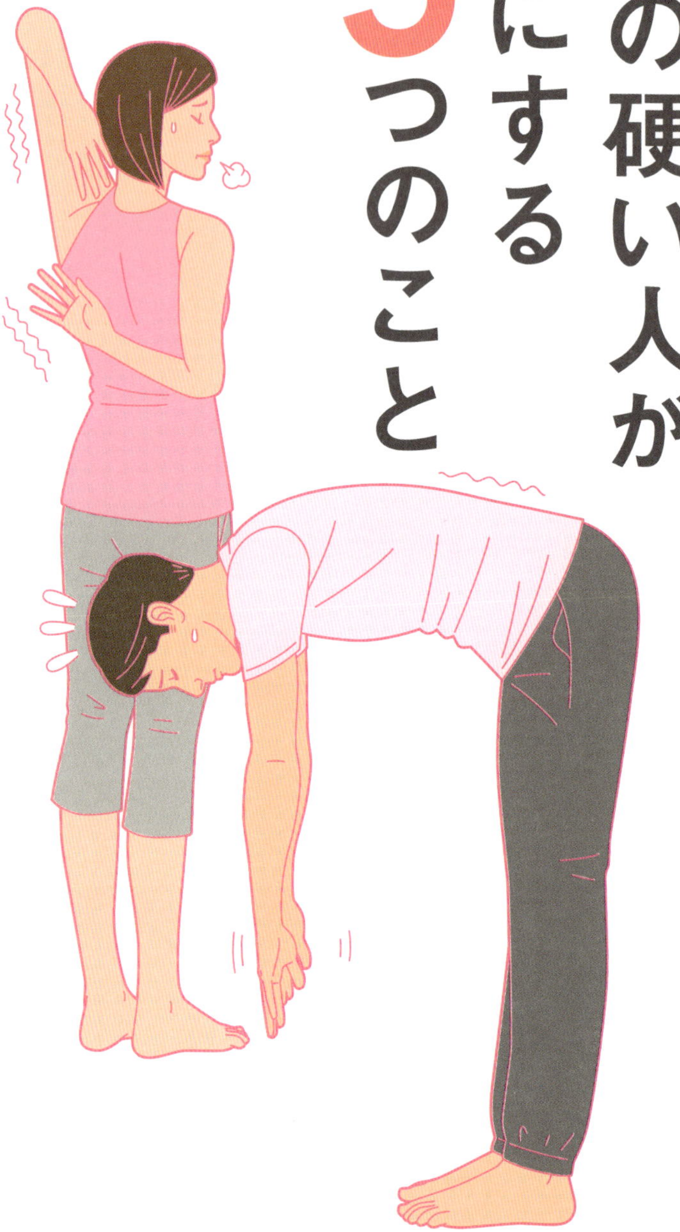

1 硬いのは生まれつき

生まれつき体が硬いわけではない。ストレッチを継続すれば必ず柔軟になる

「体が硬いのは生まれつきだから、ストレッチなんて意味ないよ」

このように最初からあきらめてしまう人がいます。本当にそうでしょうか。

もちろん、骨の形状や関節の構造といった遺伝的要因で可動域の狭い人はいます。しかし柔軟性の要素はそれだけでなく、運動経験やケガの有無、生活習慣などでも差がつきます。たとえば幼少期からバレエのレッスンを継続している人は、股関節の柔軟性が生涯高くなる傾向にあり、運動習慣のない人は関節の柔軟性が低下する傾向にあります。つまり硬いのは、活動量が低下し関節可動域が狭くてもできる小さな動作ばかりを積み重ねた結果ということです。

ストレッチを習慣化できた人は、カチカチに硬くなった体でも氷を溶かすかのようにジワジワやわらかくなっていくという、目に見える成果が得られます。逆に生まれつき可動域の広い関節と柔軟な筋肉があっても、積極的に体を動かさずほぐさない人は硬くなる傾向にあるのです。

ストレッチには硬く縮んだ筋肉の柔軟性を取り戻す作用があり、一説には、筋肉の緊張を緩和させる薬物療法よりも効果的とまで言われています。継続すれば必ず、それこそ80代の高齢者でも柔軟性は保たれ、さらにやわらかくもなれるでしょう。

2

気持ちよく伸ばせない

**ストレッチは「型」も大事。
自分に合った
伸ばし方を見つけよう**

私がストレッチを指導するときに引用する、ある研究者の言葉があります。

「ストレッチングは楽しく満足すべきもので、気持ちよくなくてはならない。楽しめなくなったとき、それは単に自分を傷めつける刺激でしかない」（マイケル・J・アルター）

この言葉のとおり、どこを伸ばしても「気持ちいい」のが

ストレッチ。もし気持ちよく伸びないなら、やり方が間違っているのかもしれません。
よく見かけるのが、ターゲットの筋肉を伸ばしているつもりが伸びていない、というケース。これは自分の体に合ったポーズではないからです。ストレッチというと、一方向にまっすぐ伸ばすイメージがありますが、筋肉のつき方や形状によって、伸ばす方向を変えたり周囲の筋肉の抵抗を緩和したりといった、気持ちよく伸ばすための工夫が必要です。そうでないと、ターゲットとなる筋肉の柔軟性の伸びしろを活かしきれません。
試しに、下のイラストのように座位で前屈をしてみてください。骨盤を立てる（左ページ）か立てない（右ページ）かで、伸び感がまったく違うことを実感できるでしょう。ほかにも伸ばす方向や呼吸、時間などをセオリーどおりに行うだけで、気持ちいい伸び感を得られることがあります。
本書では部位ごとに、多種多様な伸ばし方を紹介していきます。おすすめのポーズで伸びを感じられなかった人はほかを試して、気持ちよく伸びる方法を見つけてください。

伸び感の差を感じてみよう

脚を伸ばして床に座った姿勢で前屈。お腹の力が抜けて腰が落ちたままで前屈する（右）のと、腰を立てて脚のつけ根から倒すように前屈（左）するのでは伸び感がまるで違う

3 痛いから動けない

「痛み−緊張−痛み」の負のスパイラルをストレッチで断ち切る

「体にいいのはわかるけど、ひざも腰も痛いからストレッチなんて無理」

どこかにつらい痛みを抱えていると、ストレッチのような簡単な動きでも縁遠くなりがちです。でも、そういう人こそ動かせる部分だけでも積極的に動かすべきなんです。

私たちの体には毛細血管が張り巡らされており、昼夜問わず酸素、糖質、脂質などが全身に運ばれています。ところが筋肉が緊張していると、その周囲や内部に走っている毛細血管を圧迫し、ひどくなると損傷するケースも。当然、血流は悪化しエネルギー源となる栄養素と酸素をスムーズに運べなくなって、老廃物が蓄積します。

このとき体に警告をするために放出されるのが、ヒスタミンやブラジキニンといった痛みを感じさせる物質。これらが分泌されると、こりや疲労、痛みや不快感が生じるのです。

よかった血流も……　動かないと悪化し痛みが……

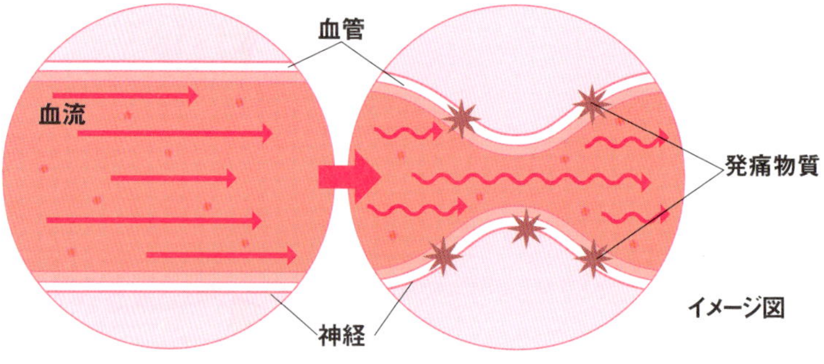

筋肉が緊張して硬くなり、痛みが生じたまま伸ばすと「イタタタ」となり不安や恐怖でひるみます。でも筋肉は、動かさないと衰えて硬くなるばかり。収縮したままさらに過緊張が進んで血行不良は解消されないままでは、こりや痛みも消えません。この「痛み－緊張－痛み」の負のスパイラルを断たないかぎり、将来的に筋肉量減少や筋力低下を起こし、さらには自分の脚で歩けなくなるおそれも。

痛みの解消には、なんらかの方法で血行を改善し発痛物質の分泌を抑えることが必須です。その最適な方法が、筋肉の緊張をほぐしリラックスさせるストレッチ。動かせる部位だけでも続けるうちに、痛みの原因部位が変化することもあります。本書では、腰やひざが痛む人でもできるポーズを数多く掲載しました。医師に相談しながら無理のないポーズを選び、できるものから試してください。

筋肉が収縮し過緊張状態が続くと、血液循環が悪化。必要な栄養素や酸素を運べなくなった体は危機感を覚え、発痛物質を分泌する。すると疲労や痛み、苦痛を感じやすくなり、放置すれば慢性疾患にかかりやすくなる

4 ストレッチをする時間がない

「ついで」にできるものから始めよう

ストレッチの話をすると、多くの人から必ずと言っていいほど聞かれるのが「最適な頻度」です。ハードな筋トレと違い筋肉にダメージを与えないので、ストレッチは毎日してもかまいません。むしろ収縮を繰り返す筋肉の過緊張をゆるめるためにも、できるだけマメに行うべきなんです。

「忙しくて時間がとれない」という人は、ご自身の生活に組み込みやすいものを見つけましょう。

たとえば私はランニングを習慣にしていますが、仕事の合間に時間を見つけて走るので、じっくりストレッチをする余裕はありません。ですから就寝までのすき間時間や入浴中、そして寝る直前の時間を利用しています。そうは言っても決してマメなわけではなく、できれば寝る前にまとめてやりたい。トレーナーなのにめんどうくさがりと思われるかもしれませんが、あお向けからうつ伏せになるのも嫌

なので、ベッドの上であお向けのままできるものだけを続けています。それと入浴中は、ほかにすることもなく筋肉が温まって伸ばしやすくなるうえに水圧と浮力がかかるので、普段はやりにくいポーズもできるというメリットがあります。

入浴ついでに湯舟の中で、テレビを見ながら床で、オフィスでイスに腰掛けたままなど、習慣にできそうなものを2〜3種類から始めてみてください。

頑張っているのにやわらかくならない

反動を利用するストレッチはかえって柔軟性を低下させる

5

ストレッチは気持ちいい範囲で行うからこそ効果がありますが「痛みを乗り越えれば柔軟性も最大限にアップするはず」と思う気持ちもわからなくはない。でも「痛い」「つらい」「息が止まる」ほど頑張っても、じつはきちんと伸びず、かえって筋肉を傷つける危険性が高まります。

前屈のストレッチで「あと少しでつま先に届きそう」というときに、反動をつける人をよく見かけます。たしかに一瞬、グンと伸びますが、筋肉には瞬間的に伸ばされると反射的に縮もうとして緊張し硬くなる性質があります。これが「伸張反射」です。

筋肉には、伸び縮みする情報を脳に伝えるために「筋紡錘《ぼうすい》」という、いわば筋肉を守るセンサーが埋め込まれています。その特徴は、急激に伸ばすと「筋肉が切れてしまう！」と脳にSOSを発信する点にあります。筋紡錘は「痛い」「苦しい」と感じるくらい強く伸ばしたときにはたらいて、筋肉に「縮みなさい！」という指令を出すから、伸ばそうとしても伸びないのです。

これでは柔軟性の向上、維持につながらず、忙しいなか時間を使ってストレッチをする意味がありません。

静かに、ゆっくり、そしてなによりも気持ちよく。これが最高に効果的なストレッチです。体感で言うと「強い痛みは感じないけれど、適度な伸び感が得られる」、いわゆる痛気持ちいいところまで伸ばしましょう。

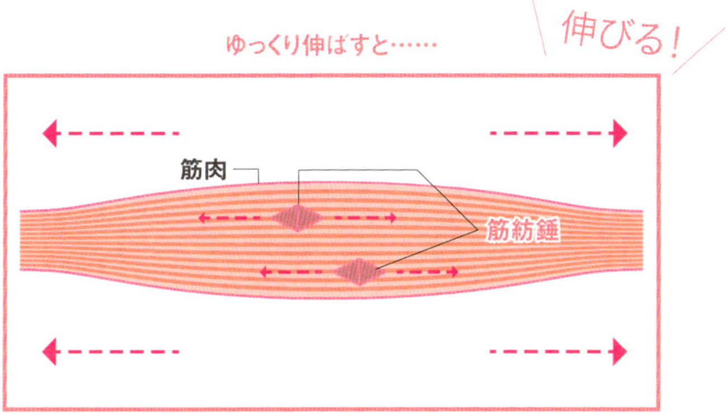

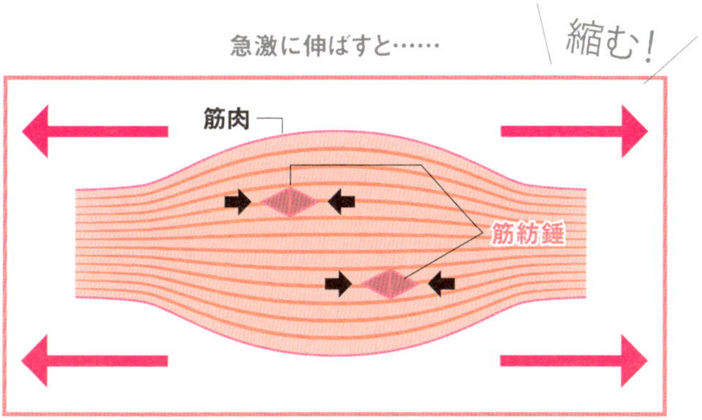

イメージ図

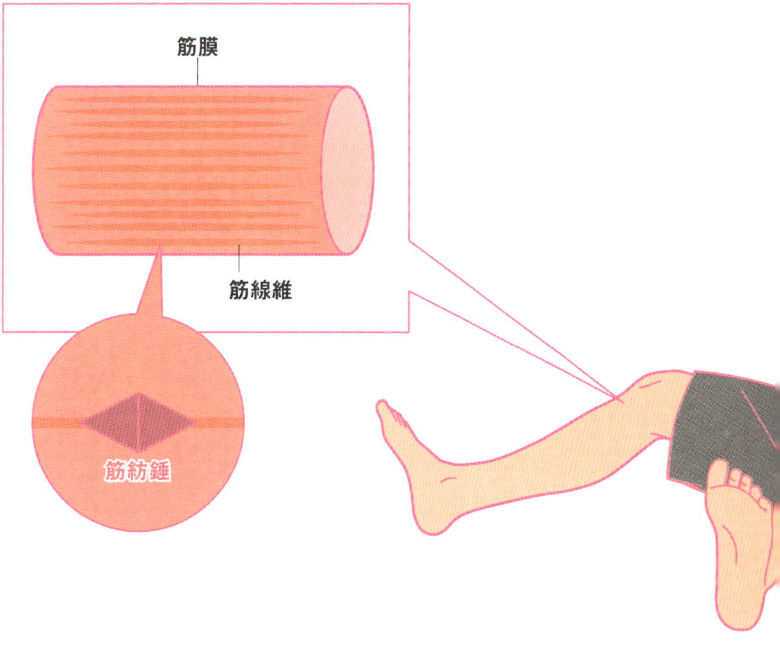

やり方や目的によって違う

ストレッチの種類

ストレッチにも、じつはさまざまな種類があります。本書では、おもに柔軟性を高める効果の高い「スタティック・ストレッチング（静的ストレッチ）」を紹介。これはケガのおそれがなく体力が弱った人でもできるうえ、痛みや不調のケアにも効果的です。トレーニングに慣れていない人は運動前に静的ストレッチをする人が多いのですが、じつはウォーミングアップには向いていません。

運動前にするなら、ウォーキングやジョギング、あるいはアスリートが試合前に行う「動的ストレッチ（Ｐ１６７〜）」が適切です。こちらは体を温め、筋肉や関節の動きをよくしてくれます。

以下、一覧にしたので参考にしてください。

スタティック ストレッチング （静的ストレッチ）

反動を使わずゆっくり関節を動かしながら、目的の筋肉を伸ばすストレッチ。関節の可動域を効率よく広げて柔軟性を増し、筋肉の疲労状態を解消する。適度な伸び感で一定時間、同じ姿勢を保持する動きが特徴で、体力や運動経験がない人でも行いやすく、傷害の発生率も低い。ただし過剰な力をかけて伸ばすと伸張反射（P28参照）を起こしがちで、組織が損傷した箇所を伸ばすと傷を悪化させるおそれもある。

ダイナミックストレッチング（動的ストレッチ①）

関節を大きく動かすことで筋肉の伸長と収縮を繰り返すストレッチで、トレーニングとウォーミングアップの特性を兼ね備える。伸張反射に関わる神経回路（α運動ニューロン）を適度に興奮させて筋肉の収縮を促す。スポーツ競技の準備運動に用いられ、たとえば陸上選手なら、骨盤周辺の動的ストレッチなどを行い股関節の動きをスムーズにする。競技に必要な部位の柔軟性を高め、練習・試合に臨める体に整える。

パートナーストレッチング

パートナーが動きをサポートする、他動的な静的ストレッチ。柔軟性が低い、あるいは力みが生じやすい部位はひとりではうまく伸ばせないが、パートナーの力を借りれば脱力しやすくなるため伸ばしやすい。アスリートなどかぎられた人に専門家が施すものという位置づけだったが、最近ではパートナーストレッチ専門のスタジオも増え、身近な存在になった。

バリスティックストレッチング（動的ストレッチ②）

一般にはタブーとされる、反動を使ったストレッチ。スポーツの動作では、すばやく動くために伸張反射を活用するため、アスリートのパフォーマンス向上を目的としたトレーニング前のウォーミングアップに適している。血流を促して体を温める効果が期待できる反面、反動を使うため筋肉や腱に負担がかかるので、一般の人にはあまりおすすめできない。静的ストレッチのような筋肉を弛緩させる作用は期待できない。

PNFストレッチング

固有受容性神経筋促通法。神経筋系のリハビリテーションプログラムの一部として、筋緊張や筋活動の増加した筋をゆるめるために考えられたストレッチ。柔軟性を高める方法としても効果的かもしれないと言われるが、技法に精通したパートナーが必要なので実用的ではない。

Column 1

体を温めると筋肉を覆う「筋膜」が伸びる

入浴中や入浴後は体を伸ばしやすく、ストレッチに適しているという話をよく耳にすると思いますが、これは、たしかに効果的です。体が温まると疲労や運動不足で硬くなった筋肉がゆるみ、それからストレッチをすると明らかに体が伸びやすいことを実感できます。私自身も、よく入浴中のストレッチをしています。

体が温まると筋肉が伸びやすくなるのは、筋膜の変化が大きいと考えられます。

筋膜とは、例えるならソーセージの皮のように筋肉全体を覆う組織（P19参照）。温めると筋膜の性質が変わり、伸びやすくなると言われています。

温め方の目安ですが、汗をかいていなくても体の芯からポカポカと温まった実感があればOK。シャワーだけではここまで温まらないので、必ず湯舟につかりましょう。

逆に体が冷えているときのストレッチには注意が必要です。たとえば起床時は、まだ体が冷えているうえ、長時間、同じ体勢だったため筋肉も硬くなりがちです。ここでグイグイ伸ばしてもうまく伸びないし、筋肉や靭帯を傷めるおそれすらあるでしょう。

朝は、筋肉をほぐして体を温める動的ストレッチ（P167〜）を。血液循環が良くなり心身ともにスッキリ目覚められるのでおすすめです。

chapter 2

世界一伸びるストレッチ

世界一伸びるストレッチのルールとコツ

これを知らずにやっても伸びません

ストレッチのルール5

動作がシンプルで簡単なストレッチにも、
きちんとした成果を出したいなら
守るべきセオリーがあります。
「最高の伸び感」と理想の柔軟性を
確実に得るための大原則を、
ここでは5つにまとめました。

RULES 1
決めポーズが完成してから30秒

3秒や5秒でしっかり伸びれば本当にラクですが、それはありえません。時間の目安は**「しっかり伸びた状態の姿勢になってから30秒キープ」**。筋肉は、一般的に20〜30秒伸ばし続けることで緊張が抜け、縮んだ状態から解放されて伸びやすくなります。

うまく伸ばせない人に多いのが、ポーズが決まる前からカウントするケースです。筋肉がしっかり伸びるのに必要な、20〜30秒の半分程度しか伸ばせていないこともあるのです。

逆に長時間続けたとしたら、どうでしょうか。「30秒以上続けて伸ばしても効果はさほど変わらない」とする研究論文もあるので、あまり意味がありません。20〜30秒のカウントを終えたら、別の部位に移りましょう。1か所を集中的に伸ばす場合は、いったんゆるめて2〜3セット行うといいでしょう。

RULES 2
呼吸を止めない

呼吸には、自分では気づかないうちに体に入っていたよけいな力を抜いてくれる効果があります。姿勢をキープする最中にも自然な呼吸を続けることで、よりラクに筋肉の伸び感を深められるのです。息を止めて伸ばしている人をよく見かけますが、これでは筋肉から力は抜けないし血圧が上がります。ストレッチに必要なリラックスとは、ほど遠い状態と言えるでしょう。

それと大切なのは、呼吸の仕方。このとき**吐く時間を長くするよう意識すると副交感神経が優位になって自然と呼吸が深くなり、筋肉もリラックスした状態に**。短く浅い呼吸を繰り返していると交感神経が優位になるため、緊張が抜けにくくなります。ゆったりとした呼吸を意識しましょう。

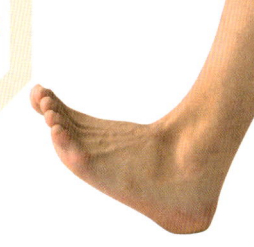

RULES 3
「痛気持ちいい」ところまで伸ばす

いつも動かしている程度の範囲でストレッチをしていても、いつまで経っても柔軟性は向上しません。いつも以上の動きをするから、縮んだ筋肉が伸びるのです。逆に、強い痛みを感じるほど伸ばすと、どうなるでしょうか。筋肉は、伸ばされすぎて切れないように伸張反射（P28参照）を起こし、縮もうとします。

最も効率のいいストレッチの目安は、**強い痛みはなく適度な伸びを感じる、いわゆる「痛気持ちいい」感覚**。ですから、本書に紹介しているポーズを再現しようとするあまり、強い痛みに耐えながら伸ばすとしたら筋肉を傷めるおそれがあります。

ストレッチは激しいトレーニングなどと違って、気が向いたときにいつでもできるので、1か月も続ければ体は確実に変化します。はじめは硬かったとしても安心してください。

RULES 4
硬い部分こそ優先的に伸ばす

ストレッチは硬い部位、硬くなりやすい部位を重点的に行うのが効果的です。体を動かすのがラクになっていきますし、ケガのリスクも減らせます。いちばん問題なのは、体が「アンバランス」な状態のままでいること。**左右や表裏の筋肉の柔軟性に差があると、ケガや不調の要因になる**からです。

よく見かけるのが、太ももの表側にある大腿四頭筋よりも裏側にあるハムストリングスのほうが硬い人。この状態で急に跳んだり走ったりすると、大腿四頭筋のパワーと可動域にハムストリングスがついていけず、肉離れを起こすのです。

やりやすい部位ばかり伸ばしていても、こうしたアンバランスさは解消できません。

RULES 5
週に5〜7日行う

ストレッチは、週に1回時間をかけて全身を伸ばすよりも、**1〜2種目でも週に5〜7日続けるほうが効果的**です。このやり方だとストレッチの効果をより早く実感でき「しないと落ち着かない」という感覚に。最初から飛ばしすぎず欲張らず、時間に余裕のあるときや物足りなさを感じたときに、種目数を増やしましょう。

ひねる

体幹部をツイストさせる、腕や脚のつけ根をひねる、
角度を変えながらターゲットの部位を3方向に伸ばす。
筋肉の形状に合った「ひねる」動きを加えれば、
効率よく効果的にストレッチできます。

世界一伸びるストレッチ 2つのコツ

体重を操る

腕や脚の重みを利用して伸ばす、
伸ばしたい部位に体重をかけてもうひと伸びさせる。
脱力が難しく引き伸ばすのにも力が必要な大きな筋肉は、
自分の体の重みを使えばラクに気持ちよくストレッチできます。

これまでのストレッチでは
伸び感がいまひとつだった人は
「ひねる」「体重を操る」を意識しよう。
筋肉のポテンシャルを引き出し
可動域を広げられる。

世界一伸びるストレッチ2つのコツ

ちょっとした変化をつけるだけで体は意外と簡単に伸びる

ストレッチは「ひとつの筋肉を一方向にじっくり伸ばすもの」と思っている人が多いですが、ひとつの筋肉だけ伸ばすのは不可能です。体には約600の筋肉があり、すべてがリンクしています。ターゲットの筋肉を伸ばしたくても、そこに密接する筋肉が硬ければ先

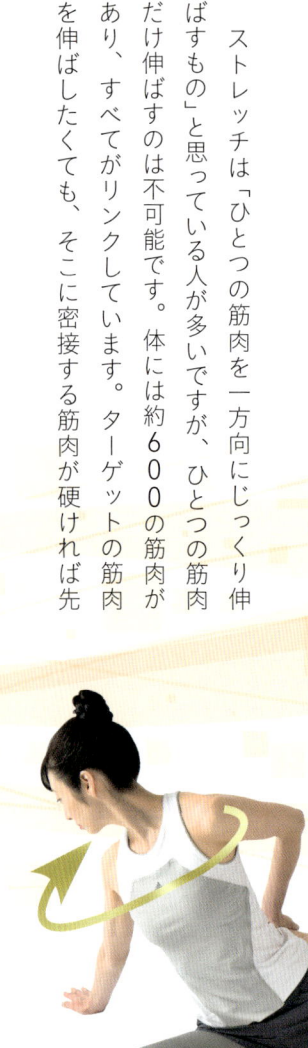

に硬い部位の限界がきて、メインの筋肉も伸びないのです。

　そもそも筋肉は、まっすぐではなく立体的にねじれながら骨に付着しています。私たちトレーナーがクライアントの体をストレッチするときは必ず、それぞれの筋肉の形状に合わせて少しひねったり、あるいは複数の方向へ伸ばしたりとやり方を変えながら「どの角度ならメインの筋肉で伸び感を得られるか」を探ります。こうすることで密接する筋肉で関節の硬さに邪魔されず、ターゲットの筋肉を効率よく伸ばせる方法も見つかるのです。

　本書では、その人の体に合った方法が探れるよう、すべての部位に対してさまざまなパターンの伸ばし方を提案。そして「ひねる」「体重を操る」という、たった2つのコツを取り入れるだけで、プロが的確に伸ばしてくれるパーソナルストレッチに近い、最高の伸び感を自分自身の力で得られるよう考えています。あなたにとっての世界一伸びるストレッチを、ぜひ見つけてください。

あなたの体はどんな状態？
柔軟性テスト

いまの関節の可動域と柔軟性のバランスを自覚するために、テストをしてみましょう。姿勢の悪化や腰の痛み、肩こりといったトラブルを抱えやすい、重要な部位の柔軟性を判定します。柔軟性不足の部位を優先してストレッチし、左右差もなるべくなくなるよう意識しましょう。柔軟性が過剰な部位については、ストレッチは不要。診断結果を活用して、体を変えるのに効果的なものを中心に効率よく行いましょう。

肩関節周辺

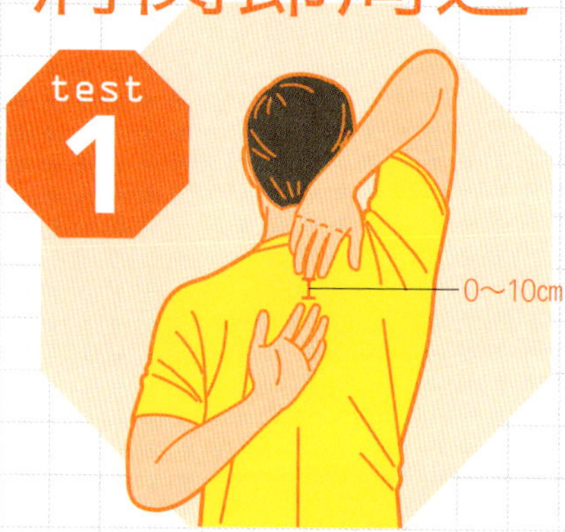

how to

右手は肩から背中へ、左手は下から背中へ回す。両手の指先の距離で診断。反対側も同様に行う。

Result

- **適度な柔軟性** 指先同士が軽く触れるか、離れても10cm程度。
- **柔軟性不足** 両手の指先が10cm超、離れている。
- **過度な柔軟性** 両手の指が握れる。

テストの行い方

1. 10〜15分程度の早歩きやジョギングなどで準備運動をして筋肉の温度を上げるか、入浴後の温まったタイミングで行う。
2. 一定の姿勢を3秒以上キープ。跳ねたり弾みをつけたりすると正しく判断できないので、反動などは使わないように。

大臀筋《だいでんきん》

how to

床に座り、左脚の下に両腕を差し入れる。左脚を胸に引き寄せる。反対側も同様に行う。

Result

- **適度な柔軟性** 左のすねが床と平行になる高さで、無理なく引き寄せられる。
- **柔軟性不足** 左のすねが床と平行になる高さまで、引き寄せられない。
- **過度な柔軟性** 左の内くるぶしが額の高さにくるまで、無理なく持ち上げられる。

test 2

test 3

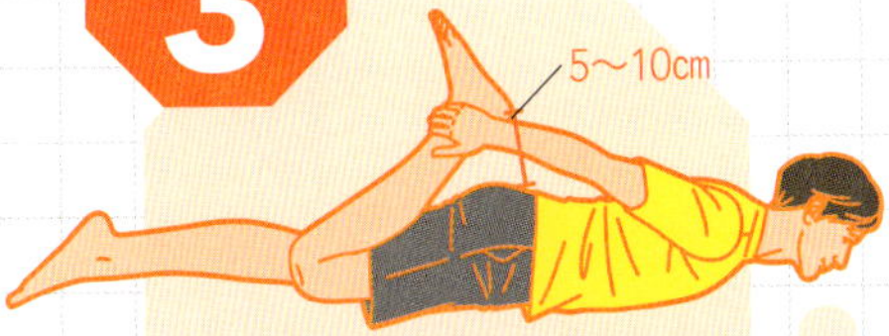

大腿四頭筋

how to

床にうつ伏せになり、右手で右足首をつかんでお尻に引き寄せる。反対側も同様に行う。

Result

- **適度な柔軟性** 右かかとと臀部の距離が5〜10cm程度なら腰に痛みを感じない。
- **柔軟性不足** 右足首を右手でつかめない。もしくはかかととお尻の距離が10cm超あっても腰が反ったり痛みを感じたりする。
- **過度な柔軟性** 正座から上体を後ろに倒し、あお向けになっても両ひざが浮かない。

test 4

ハムストリングス

how to

床にあお向けになり、右ひざを立てる。伸ばした左脚を、できるだけ体に引き寄せる。反対側も同様に行う。

Result

- **適度な柔軟性** 左股関節が床に対して90度になるまで左脚を引き寄せられる。
- **柔軟性不足** 左脚を引き寄せても、左股関節が床に対して90度未満になる。
- **過度な柔軟性** 左股関節の角度が90度超になるまで、左脚を体に引き寄せられる。

内転筋群

how to

あぐらをかいてから足裏を合わせる。
両ひざの高さをチェック。

Result

- **適度な柔軟性** 左右のひざと床のあいだに、それぞれすき間が拳1～2個程度空く。
- **柔軟性不足** 左右のひざと床のあいだに、それぞれすき間が拳3個以上空く。
- **過度な柔軟性** 両ひざが床に完全につく、またはつくようにしても痛みを感じない。

足関節周辺

how to

両足のあいだに拳１個程度のすき間を空けて立ち、しゃがむ。

Result

- **適度な柔軟性** 両かかとを床につけたまましゃがみ、両ひざを抱えられる。
- **柔軟性不足** かかとを浮かせないと、両ひざを抱えてしゃがめない。またはかかとを床につけたとたんバランスをくずす。
- **過度な柔軟性** 両足のかかとを床につけたまま両ひざを抱えてしゃがむことができ、さらにつま先より前にひざを出せる。

忙しいあなたはまずはこれから

5分から始める世界一伸びるストレッチ

「なにから始めればいいのかしら」「最初から何種類もできない」という人は、大腿四頭筋とハムストリングスのストレッチだけでもやりましょう。

大腿四頭筋は歩行時に負荷がかかるため、柔軟性が上がれば疲労は溜まりにくくなります。またハムストリングスは日本人が硬くなりやすい傾向のある筋肉なので、柔軟性を高めておくと腰痛予防にもつながります。

ここでは5分で完結できるよう、キープ時間もポーズが決まってから20秒と、やや短くしています。仕事に忙殺された日などは、ハムストリングスだけでもOK。1種目でも毎日「やらないと気持ち悪い」と思えるようになれば、自然とストレッチが苦ではなくなります。そして気持ちよさを実感できれば、種目数も増えていくでしょう。

how to

壁に手をついて左足の甲をつかむ。息を吐きながらひざを曲げ、できるだけ左のかかとを左臀部に近づけてキープ。これを3方向、各20秒行う。反対側も同様に。

point

股関節も伸展させて行う

P.118〜

大腿四頭筋

×

P.126〜

ハムストリングス

how to

床に座り左脚は伸ばし、右足は左ひざの下に入れる。左ひざを軽くゆるめ、骨盤を立てたまま脚のつけ根から曲げる感覚で前傾。足先を天井に向けた左足をつかんでキープ。同様に左足先を外側、内側に向けて足をつかみ、3方向で各20秒キープ。反対側も同様に。

point

骨盤を後ろに倒さない

ストレッチをするときにあると便利なもの

道具を活用すればめちゃくちゃ伸びる。これを使わない手はない！

筋肉のつき方や骨格には個性があるので、おすすめのポーズではうまく伸ばせない場合があります。そんなときは、バランスボールやベッドに乗って床との高低差を利用したり、ストレッチバンドを使ったりするだけで、これまで体感したことがないような最高の伸び感を得られることがあります。

バランスボール、ストレッチポール、ストレッチバンドは、あるといろいろなストレッチやエクササイズに活用できるので、興味を持った人は試してみてください。

バランスボール

高さを出して自体重を利用するときや、体幹など広い範囲をほぐすときに有効。

クッション

高さを出したり骨盤を立てたりするときに使うためボリュームがあるものが望ましいが、複数重ねて使えば対応できる。座布団でも。

床から少し高さを出して、自体重を利用するときに使う。

ストレッチポール

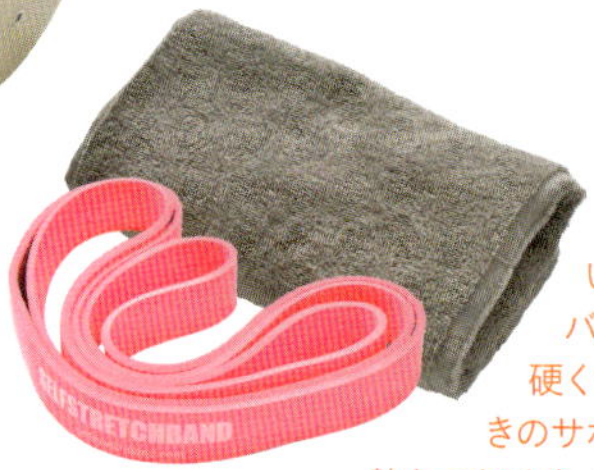

ストレッチバンド

正しい姿勢ではつかみたい部位に届かないときのサポートや、伸縮性を利用して伸ばすときに使用。※

タオル

長さがあり幅の狭いスポーツタオルやバスタオルを。体が硬くて手が届かないときのサポートや、正しい姿勢をつくるとき、高さを出すときなどにも使う。

※本書で使用しているストレッチバンドはセルフストレッチバンド http://selfstretchband.com/ で購入できます。
これらのほか、イスや本、ベッドなど身近なものも本書では登場します。

chapter 3

世界一伸びるストレッチ

首・背中・肩・腕

首・背中・肩・腕
のストレッチ

頑固なこりの原因となる部位。
時間を見つけたらほぐす意識づけを！

姿勢の影響を受けやすいエリア。
特に首と肩甲骨まわりをほぐせば、
こりや痛み知らずの体に。

背中の筋肉は肩甲骨や上腕骨にまたがり、肩まわりの筋肉は上腕骨につながっているため、首・背中・肩・腕の筋肉は切り離しては語れないほど密接に関係しています。

背中を覆う僧帽筋と広背筋が硬くなると、現代人に多い首・背中・肩のこり、腰痛や姿勢の悪化の原因になるためストレッチは必須です。たとえばデスクワークで長時間前傾していると僧帽筋の緊張が続き、拘縮《こうしゅく》。その結果、血行が阻害されてこりが生じます。特に僧帽筋は首の裏に付着する上部、肩甲骨を覆う中部が各部位のこりに関係し、上部はストレスで硬くなることが証明されています。背中や肩まわりをつねに動かしているトップクラスのスイマーでさえ、試合前の緊張によるストレスで肩こりを起こすのです。

肩関節を覆う三角筋は、腕立て伏せが日課の人はストレッチを。特に大胸筋が弱い人ほど負担がかかり、硬くなる傾向にあります。腕橈骨筋はパソコン仕事が多い人、手首を使うスポーツが趣味の人はストレッチを。上腕二頭筋、上腕三頭筋は硬くなりにくいのですが、伸ばして気持ちいいと感じる人はストレッチを習慣にするといいでしょう。

広背筋や腕の筋肉の柔軟性が上がると可動域が広がり、ラケットスポーツなどのパフォーマンス向上にもつながります。

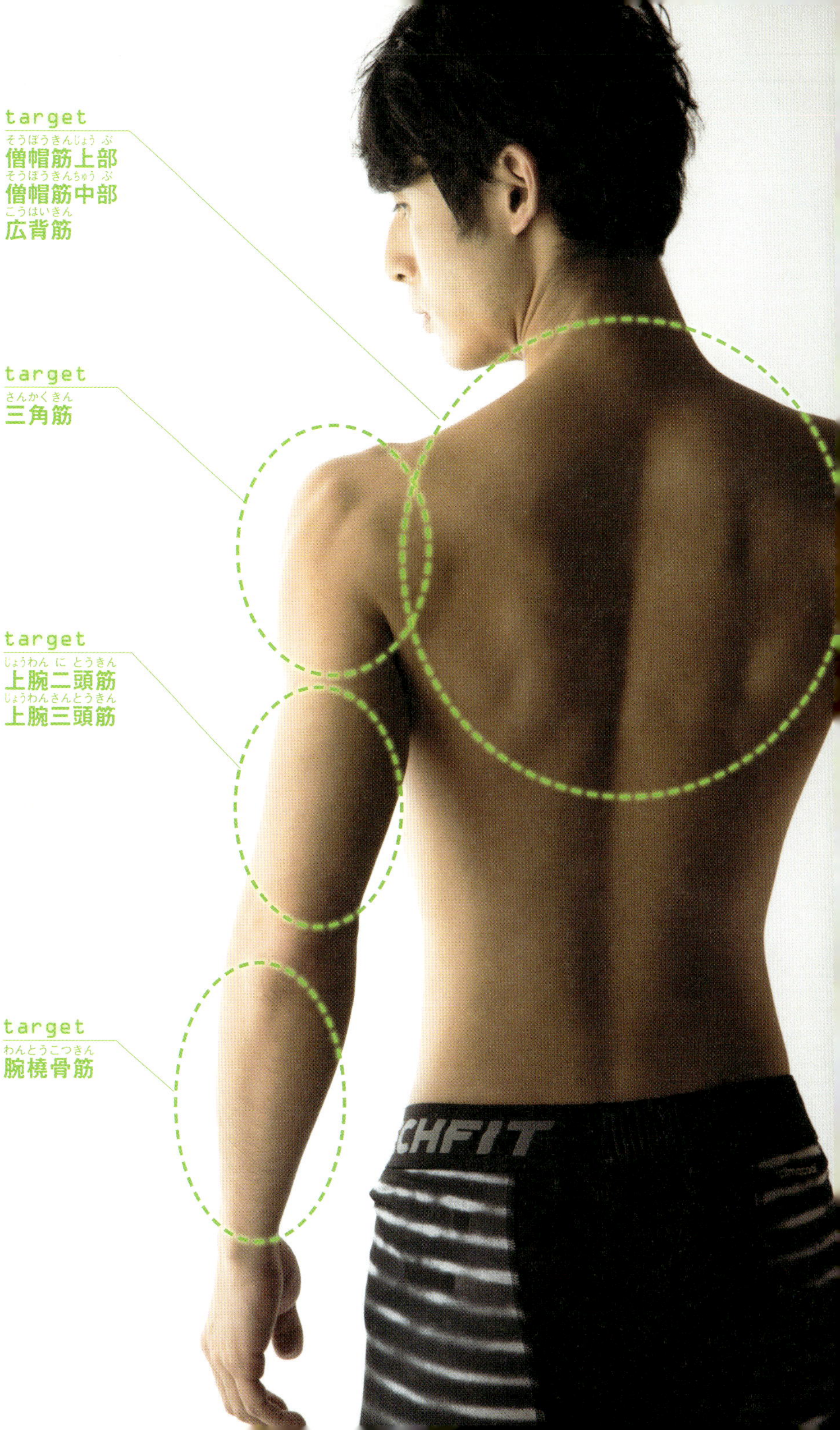
target
僧帽筋《そうぼうきん》上部《じょうぶ》
僧帽筋《そうぼうきん》中部《ちゅうぶ》
広背筋《こうはいきん》
target
三角筋《さんかくきん》
target
上腕《じょうわん》二頭筋《にとうきん》
上腕三頭筋《じょうわんさんとうきん》
target
腕橈骨筋《わんとうこつきん》

target area

僧《そう》帽《ぼう》筋《きん》上《じょう》部《ぶ》

後頭部の下部から首の裏側を覆い、肩につながる筋肉。硬くなると首のこりを感じる。ストレスの影響を受けやすいため、仕事中にイスに座ったままできるポーズをセレクト。

首・背中のストレッチ

ready

背もたれのあるイスに深く腰掛け、背すじを伸ばす

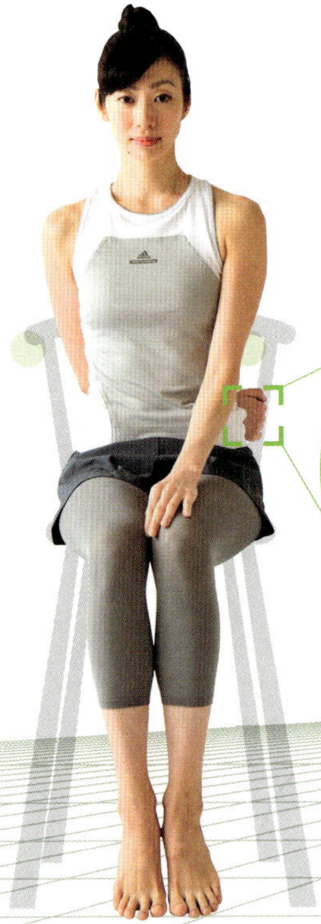

point

手の甲を正面に向けてイスをつかむ

1 イスをつかむ

一方の腕を背中側から伸ばし、逆側の背もたれをつかむ

一般的なストレッチ

手を使って頭を真横に倒す

首・背中のストレッチ
Variation

NG

頭を倒すときに肩を上げない

頭を倒したとき逆の肩が上がると、僧帽筋上部は伸びにくい

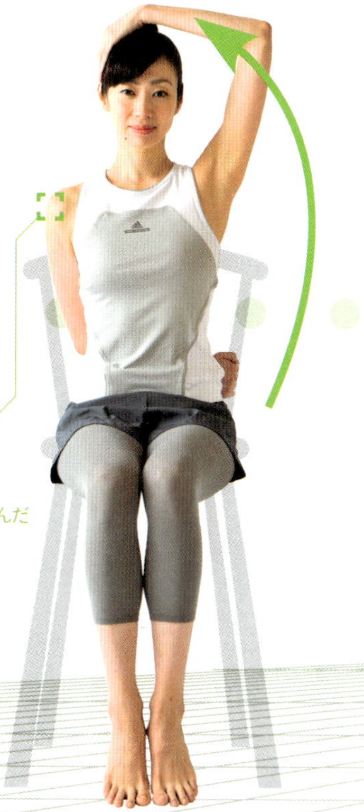
point
背もたれをつかんだほうの腕は肩をしっかり下げる

2 頭に手を添える

もう一方の手を、手と逆側の頭の側面に添える

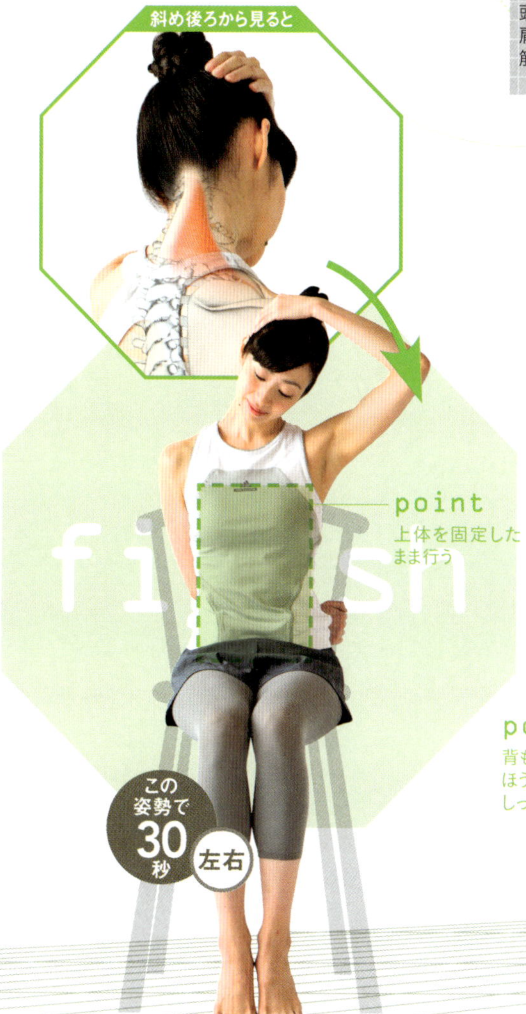

3 斜め前に頭を倒す

息を吐きながら、頭に添えた腕の側へ手を使って頭を斜め前に倒してキープ

腰が痛くてもできる！

1

両足を開いて イスに腰掛ける

イスに浅く腰掛け足を左右に開く。こうすることで姿勢が安定する

2

手のひらを 後頭部に添える

手を重ねて頭の後ろに回し、後頭部に触れる

首・背中のストレッチ variation

easy **簡単ストレッチ**

あお向けになり 腕を下ろす

ベッドなど高さのある場所の端から腕を下ろし、手のひらを足元のほうに向ける。もう一方の手で、下ろした腕と逆側に頭を倒す。

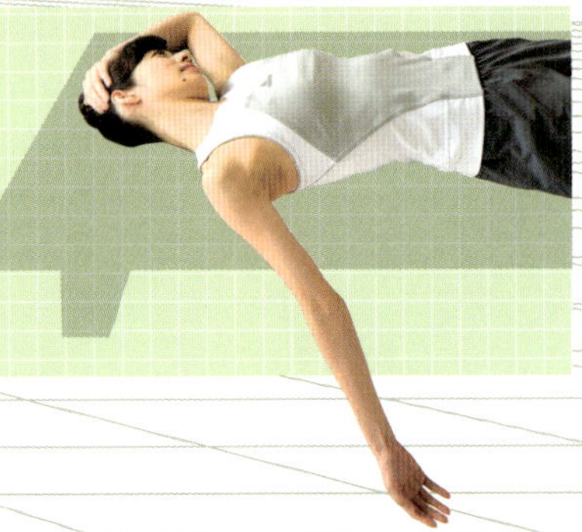

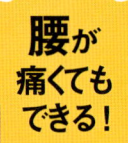

肩が痛くてもできる!

この姿勢で30秒

正座し、タオルを頭の後ろにかけて両端を持つ。息を吐きながら頭を前に倒してキープ。肩の力を抜き、腕の重みをタオルにかける

頭を前に倒す

息を吐きながら、頭を前に倒してキープ。肩の力を抜くと腕の重みが頭にかかり、ラクにストレッチできる

3

この姿勢で30秒

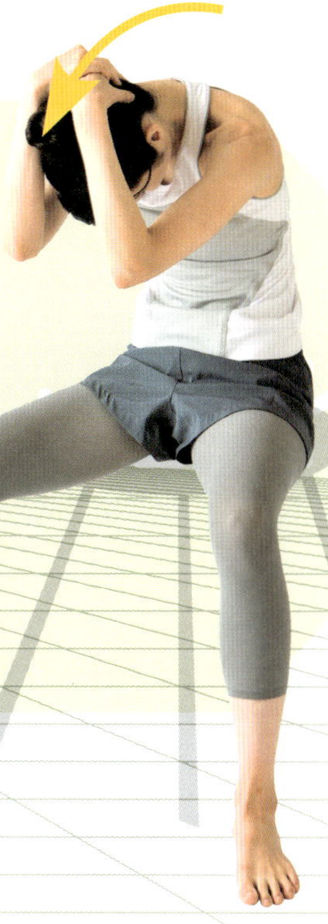

パートナーストレッチ

partners stretch

一方の肩を固定し、逆側に頭を倒す。肩を固定することで首をしっかり伸ばせる

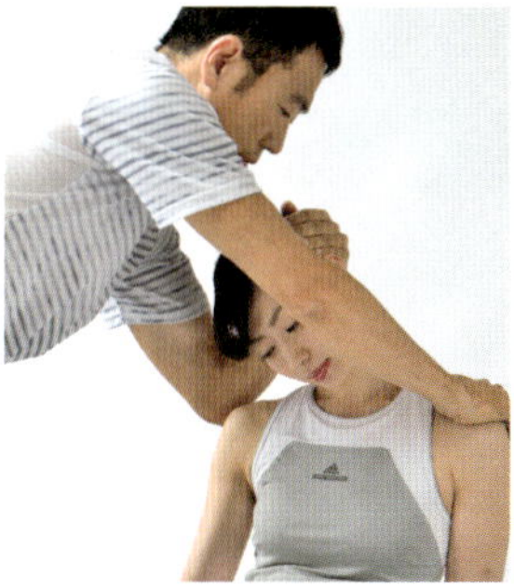

target area
僧《そう》帽《ぼう》筋《きん》中《ちゅう》部《ぶ》

肩甲骨を覆う筋肉。肩甲骨と連動させたポーズで効率よく伸ばせる。猫背の人は、つねに緊張して硬くなる傾向にある。P169の肩甲骨の動的ストレッチも行うとよい。

背中のストレッチ 1

1 手首をひねり動かないものをつかむ

一方の手を前に出して手のひらが外側に向くように手首をひねり、テーブルの脚など強く引いても動かないものをつかむ。ひじが曲がらないように座る位置を調整

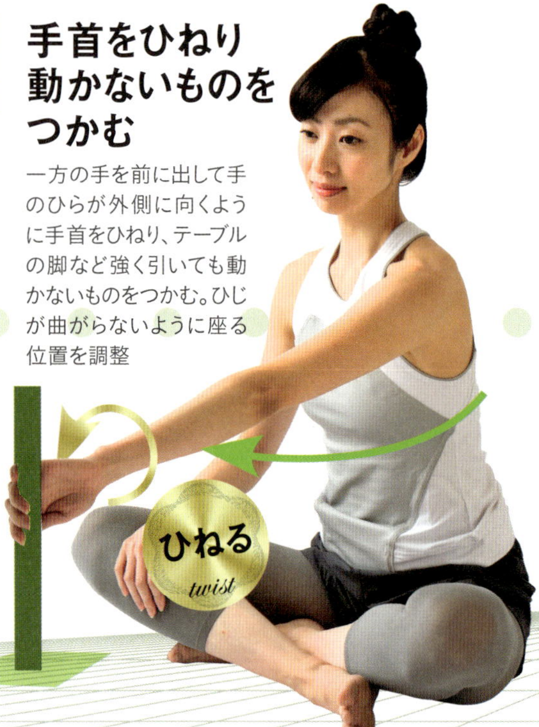

ready
あぐらをかく

NG
手首をひねらない
手のひらが内側に向いたままつかむと、ストレッチの効果は低くなる

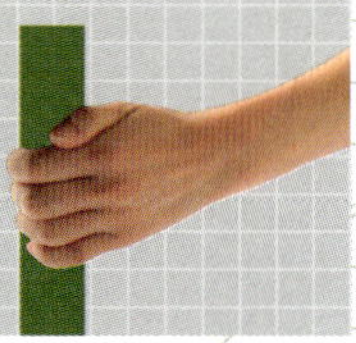

一般的なストレッチ
両手を前で組み、肩甲骨を左右に開きながら前傾

背中のストレッチ
Variation

斜め後ろから見ると

2 背すじを丸めて腰を後ろに引く

息を吐きながら、背中を丸めつつ腰を後ろに引いてキープ。頭は自然に下げる。体重を使って腰を引くことでストレッチするので、つかんだものが動かないことが重要

point
背中を丸めることで、よりストレッチ感が深まる

背中のストレッチ❶ variation

腰が痛くてもできる！

1 イスに浅く腰掛ける

イスに浅く腰掛け、両足を大きく開く

2 手首をひねり手のひらを合わせる

両腕を前へ伸ばし、手首を内側にひねって手のひらを合わせる

hard もっと伸びるストレッチ

全体重をかけて腰を引く

手首を内側にひねって前に出し、安定した棒状のものをつかむ。息を吐きながら、背中を丸めつつ腰を強く後ろに引いてキープ

パートナーストレッチ

partners stretch

伸ばすほうのひじから前腕を両手で持ち、引き寄せてキープ。ストレッチをされる側は、もう一方の腕で体を固定

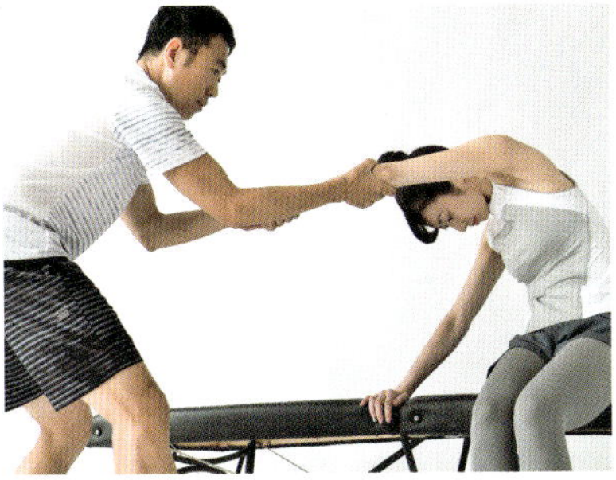

イスに浅く腰掛けて足を左右に大きく開く。一方の前腕の外側を、逆側の太ももにつける。息を吐きながら、ひじを伸ばしたまま肩を床に近づける

3

上体を前に倒す

息を吐きながら前傾し、首から背中全体を丸めるようにしてキープ。腕の重みが背中にかかり、よりラクに伸ばせる

背中のストレッチ 2

target area

広背筋《こうはいきん》

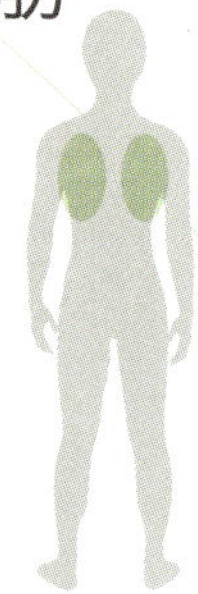

背部から腰部に広がる、人体最大の筋肉。硬くなると背中の張りや疲労感、猫背、腕を上げにくいなどのトラブルの原因に。ねじる動作を加えることで効率よく伸ばせる。

ready

あぐらをかく

1 頭の上で手首をつかむ

両腕を頭上に伸ばし、手首をつかむ。つかまれたほうの手首をひねり正面に向ける

一般的なストレッチ

一方の腕を頭上に伸ばし、その逆側に体を倒す

背中のストレッチ
Variation

NG

お尻が浮いてしまう

腕につられてお尻が浮いてしまうと、目的の筋肉は伸びない

point
腕を引っ張る力でお尻が浮かないよう、左右の坐骨を床につけたまま行う

この姿勢で30秒 左右

2 手首を引き上体を斜め前に倒す

息を吐きながら、つかんだほうの手で手首を上に引っ張り、上体を斜め前に倒す。このとき下半身が動かないようにする

背中のストレッチ❷ variation

ひざが痛くてもできる!

1 タオルの両端を握る

肩幅よりも長さのあるタオルを用意。体の前でタオルの両端を握って立つ。両足は腰幅、または肩幅に開く

2 タオルを頭上に上げる

タオルがたるまないように両腕を頭上に伸ばす

easy 簡単ストレッチ

この姿勢で30秒 左右

高い位置で棒を握り背中を伸ばす

動かない棒などを斜め前に見ながらあぐらをかく。棒から遠いほうの手を頭より高い位置で伸ばし、手首を内側にひねって棒をつかみキープ

腰が痛くてもできる!

この姿勢で30秒 左右

壁の前に立ち、一方の手を胸の高さあたり、もう一方の手は頭の上で壁につく。息を吐きながら上体を斜め前に倒してキープ。両手を壁につけると体が固定されてラクにできる

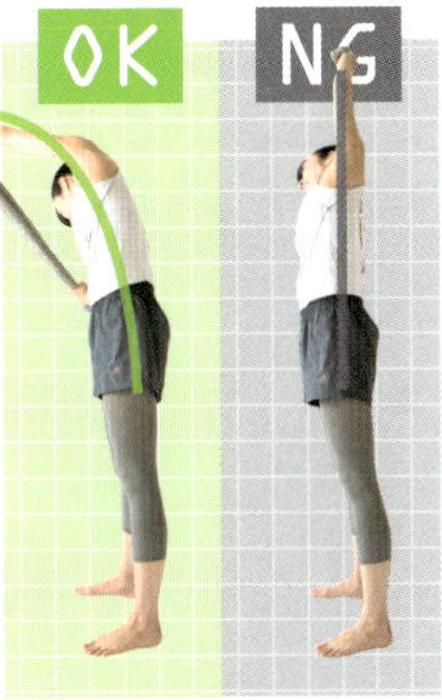

上体を真横に倒さない

真横に倒して伸びるのは体の側面の筋肉。斜め前に倒さないと目的の筋肉が伸びない

パートナーストレッチ

partners stretch

一方のお尻をイスの座面などにつけて固定。固定した側の腕とお尻を離すように体を伸ばす

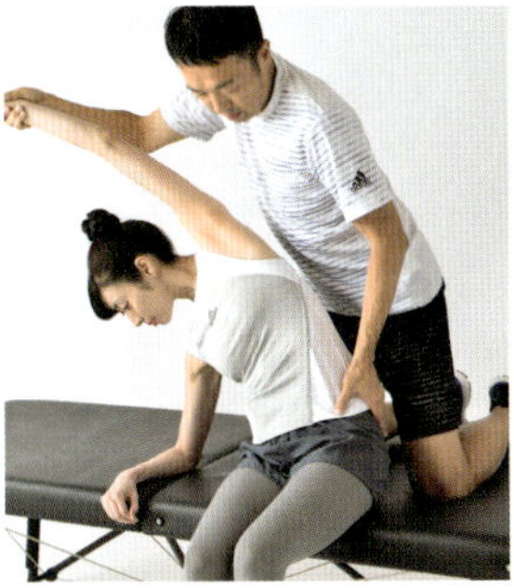

ひねる
twist

point

上体を倒したとき、腰がいっしょに動くと目的の筋肉が伸ばせない。下半身はしっかり安定させよう

この姿勢で30秒 左右

3 上体を斜め前に倒す

息を吐きながら、上体を斜め前に倒してキープ

hard もっと伸びるストレッチ

お尻を床につけ斜め前に前傾

正座し、一方のお尻が床につくようにお尻を横にずらす。両手で持ったタオルを頭上に上げて、息を吐きながら床につけたお尻とは逆側の斜め前に上体を倒し、キープ

この姿勢で30秒 左右

manipulate 体重を操る body weight

肩と腕のストレッチ 1

target area

三角筋《さんかくきん》

肩関節を覆い首から上腕につながり、腕を上げる、振る動作に関与。僧帽筋上部とともに硬くなりやすく、肩が上がったり、こったりする。腕の外旋を利用して伸ばしていこう。

point

手首を返すのではなく、腕全体をひねる。ひじが下を向くのを目安にしよう

ready

あぐらをかく

1 腕を前に伸ばしてひねる

一方の腕を体の正面に伸ばす。腕を外側にひねり、手のひらを上に向ける

一般的なストレッチ

一方の腕を正面に伸ばし、もう一方の腕で引き寄せる

肩と腕 のストレッチ
Variation

2 もう一方の手で引き寄せる

伸ばした腕のひじあたりを、もう一方の手で胸に引き寄せる。横・上・下の3方向で、それぞれ息を吐きながら腕を引き寄せ、キープ

この姿勢で30秒 左右 3方向

NG

肩とひじの位置に注意

ひじを完全に曲げると二の腕から肩の筋肉は伸びない。軽くゆるめる程度に

肩が上がったり体をひねったりすると肩の筋肉を効果的に伸ばせない

3方向に伸ばす

二の腕が肩の高さになる位置で引き寄せてキープ。おもに三角筋の中部が伸びる

次に斜め上に向け、引き寄せてキープ。おもに三角筋の下部が伸びる

最後は斜め下に向け、引き寄せてキープ。おもに三角筋の上部が伸びる

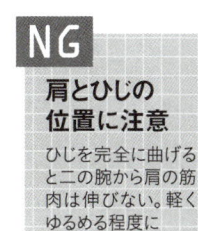

肩と腕のストレッチ❶ variation

easy **簡単ストレッチ**

ready

あぐらをかく

1

逆側の肩に手を乗せる

一方の手を、逆側の肩に乗せる

hard **もっと伸びるストレッチ**

ready

正座する

1

両手を床につく

背すじを伸ばしたまま、両手のひらを床につく

パートナーストレッチ
partners stretch

肩が腕に持っていかれないように固定し、ひじを手前に引き寄せて伸ばす

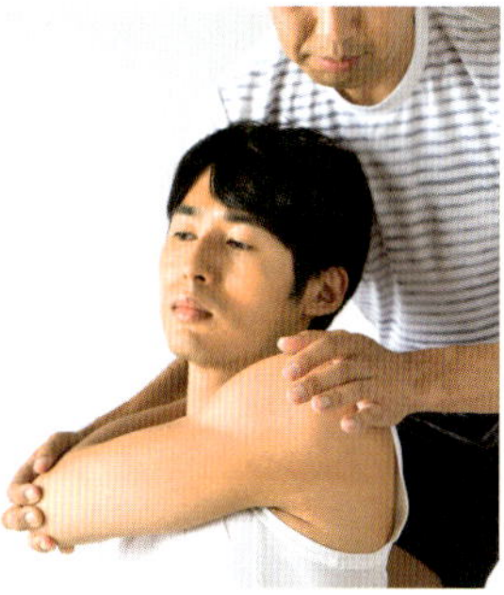

2

point
腕につられて体幹や下半身が動くとしっかり伸びない

この姿勢で30秒 左右

ひじを手前に引く

もう一方の手をひじに添えて、息を吐きながら手前に引いてキープ

一方のひじを床につく

一方の腕を、もう一方の腕とひざのあいだを通して伸ばしていく。手のひらは上を向ける

2

一方の肩も床につける

逆側に伸ばした腕のつけ根の外側を床につけ、体重を乗せるようにしてキープ

3

この姿勢で30秒 左右

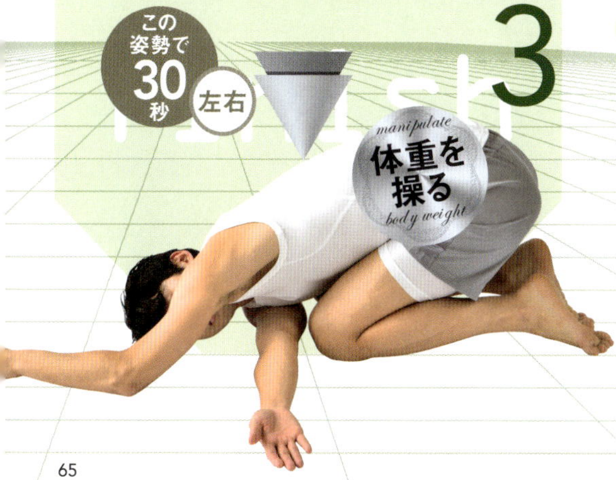

target area
上腕《じょうわん》二《に》頭筋《とうきん》

上腕の表側の筋肉。食べ物を口に運ぶ動作などではたらき、日常生活では負荷が少ないため硬くなりにくい。テニスなど腕をよく使うスポーツの後はストレッチを心がけるようにしよう。

肩と腕のストレッチ ②

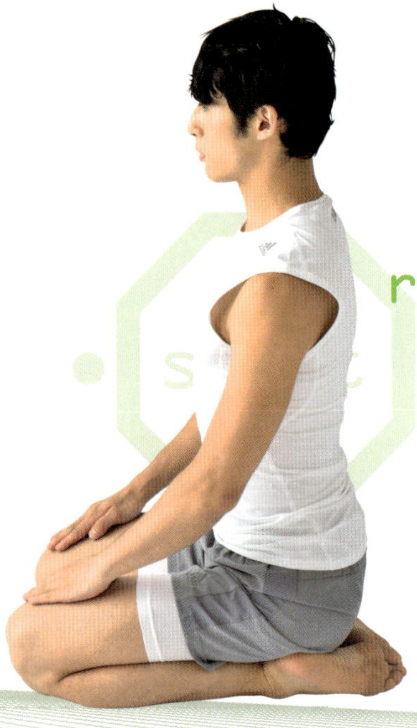

ready
正座する

NG

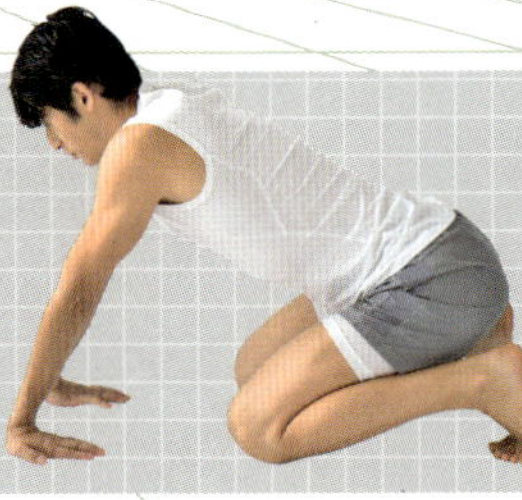

腕に体重を乗せられない

遠くに手をつくと腕に体重が乗らず、上腕二頭筋が伸びない

一般的なストレッチ

伸ばした腕の指先を下に向け、もう一方の手で手前に引く

ひざと腰が痛くてもできる!

この姿勢で30秒

壁の前に立って腕を前に伸ばし、指先を下にして両手のひらを壁につける。手に体重をかける

正面から見ると

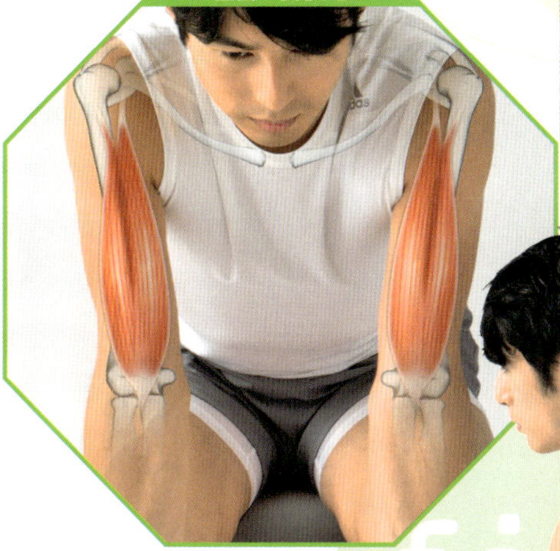

両手をつき 体重をかける

指先を手前に向けて両手のひらを床につける。息を吐きながら、体重を腕に乗せてキープ

パートナーストレッチ

partners stretch

上半身が後ろに倒れないように固定。腕の内側を外側に向けて、後ろへと伸ばす

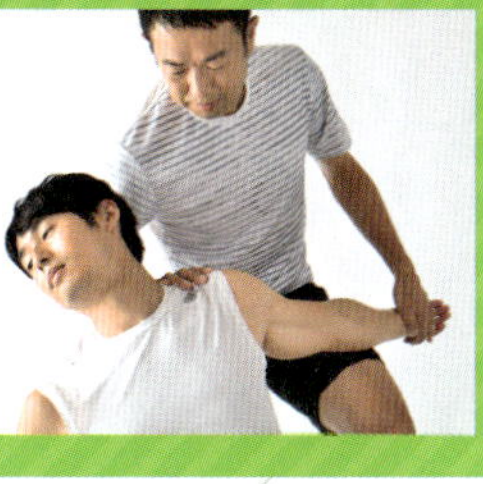

target area

上腕三頭筋《じょうわんさんとうきん》

上腕の裏側の筋肉で、物を投げる、押す、腕立て伏せで腕を伸ばすときにはたらく。広背筋が硬いと伸びにくいため、体重を負荷にして伸ばす。合わせて広背筋も伸ばしたい。

肩と腕のストレッチ ③

ready

イスを前に置き、正座する

1

一方のひじをイスに乗せる

体を前に倒し、一方のひじをイスの座面に乗せる。もう一方の腕は床につき、体を支える

一般的なストレッチ

ひじを真上に上げ、逆側の手でつかんで引き寄せる

肩と腕のストレッチ
Variation

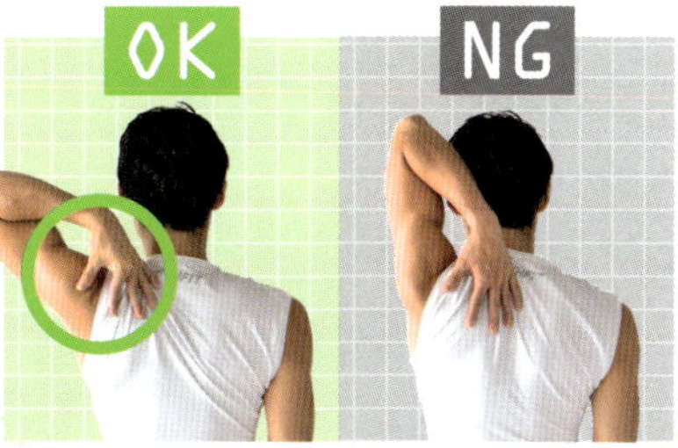

手の位置は肩に

指は肩の外側につける。内側に入りすぎると上腕三頭筋がよく伸びない

2

ひじをしっかり曲げる

イスに乗せたひじを曲げ、指を肩につけたほうがよく伸びる

point

肩にしっかり体重がかかることで上腕三頭筋がよく伸びる

manipulate 体重を操る body weight

この姿勢で30秒 左右 3方向

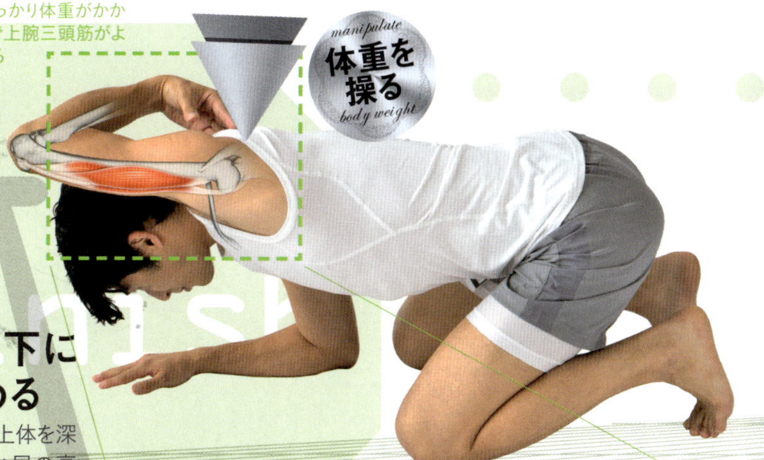

3

座面より下に体を沈める

息を吐きながら上体を深く(できる人はお尻の高さまで)沈める。ひじの向きを内側、正面、外側と3方向でそれぞれキープ

3方向に伸ばす

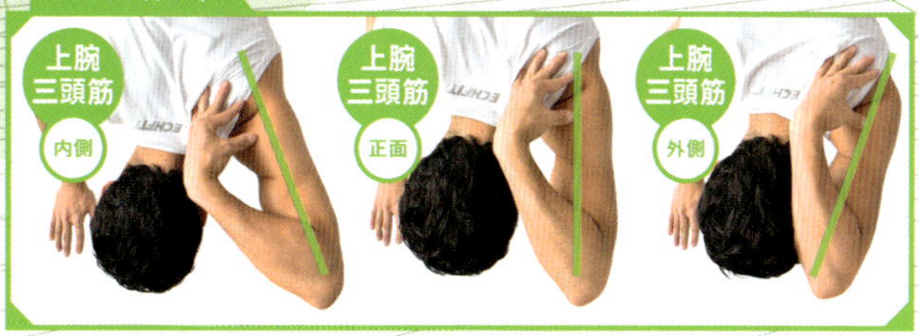

肩と腕のストレッチ③
variation

ready
壁を前にして立つ

ひざや肩が痛くてもできる!

1 上げたひじを壁につける

一方の腕を頭上に伸ばし、ひじを曲げて壁につけ、指は肩の後ろにつける。上げた腕とは逆の足を一歩踏み出す

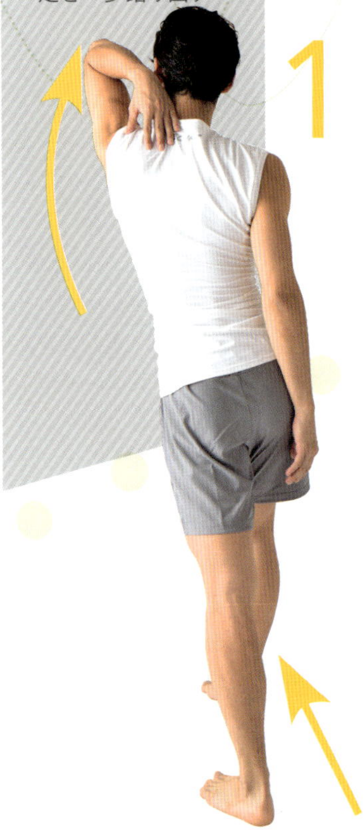

hard もっと伸びるストレッチ①

床に両ひじをつく

床に両ひじをつき、指は肩の後ろ側につく。息を吐きながら体を深く沈める

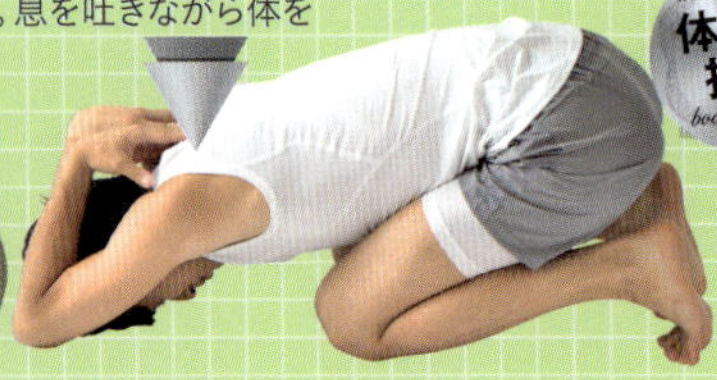

この姿勢で30秒

manipulate 体重を操る body weight

イスに両ひじを乗せる

イスの座面に両ひじを乗せ、指は肩の後ろ側につく。息を吐きながら体を深く沈める

この姿勢で30秒

2 ひじに体重をかける

息を吐きながら、壁につけた腕にゆっくりと体重をかけていき、キープ

hard もっと伸びるストレッチ②

両ひじを壁につけて行う

両ひじを上げて肩に指をつける。壁に両ひじをつけ、息を吐きながら体重をかけてキープ

パートナーストレッチ partners stretch

頭上から背中に回した腕のひじを持ち、体の内側に向かって押し伸ばす

腕のストレッチ

target area

腕橈骨筋《わんとうこつきん》

上腕から手首につながり手首や指の動きに関与。パソコン作業や手元を使う仕事の人、テニスをする人はケアを心がけたい。イスを使うポーズは、ぜひ仕事中に取り入れてほしい。

1 手の甲を床につける

前傾姿勢になり、体の前で両手の甲を床につける

ready

正座する

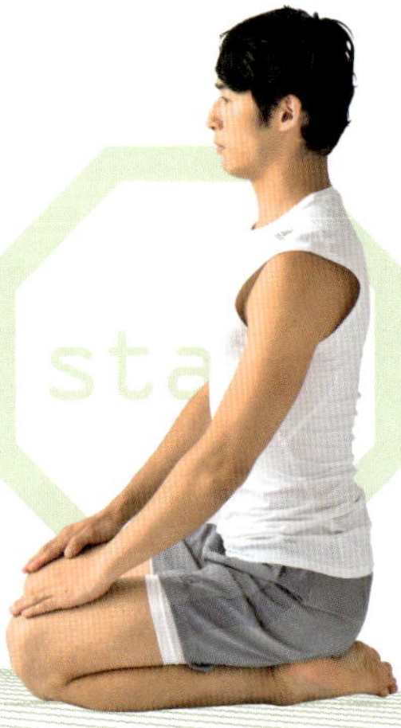

easy **簡単ストレッチ**

この姿勢で30秒 左右

正座し、体の前で一方の手の甲を床につける。息を吐きながら、手に体重を乗せる

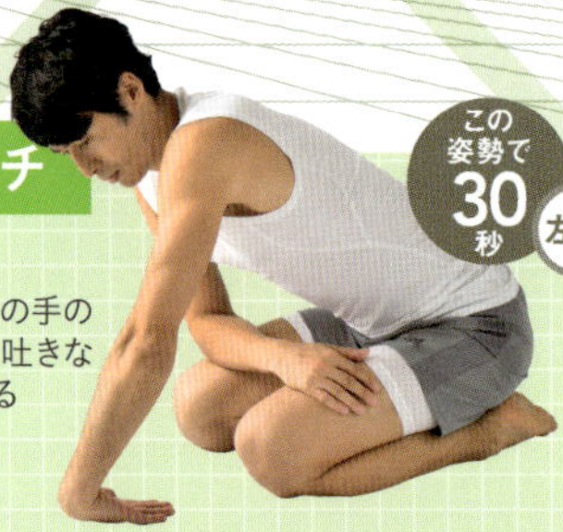

一般的なストレッチ

一方の腕を伸ばし手のひらを手前に。もう一方の手で引き寄せる

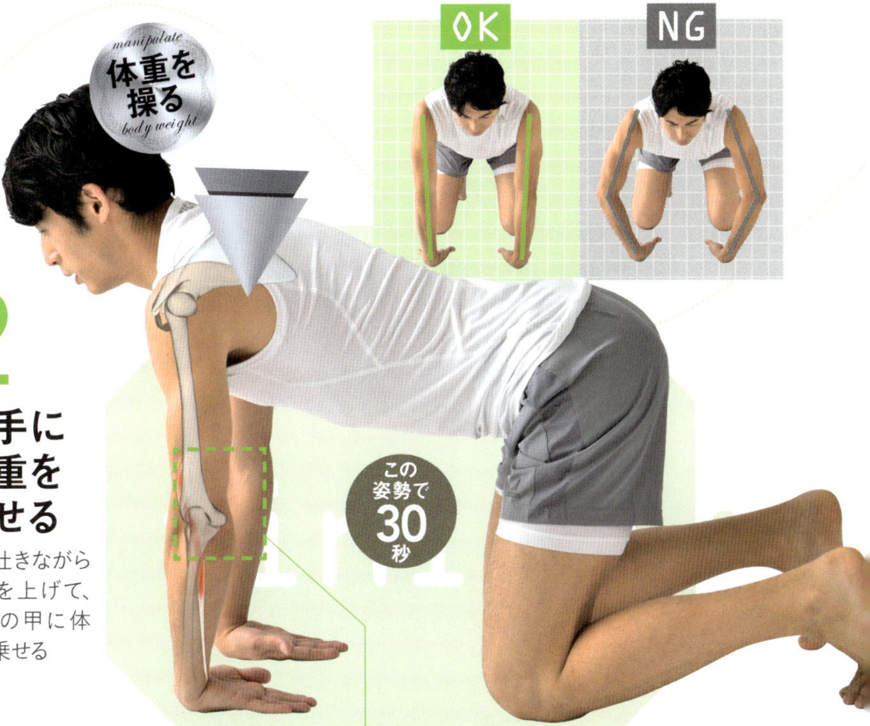

2

両手に体重を乗せる

息を吐きながらお尻を上げて、両手の甲に体重を乗せる

point

ひじが曲がると筋肉に効かない。両ひじは伸ばしたまま行おう

パートナーストレッチ

partners stretch

前に伸ばした腕を下から支え持つ。手をつかみ、甲を正面に向けながら手首を曲げる

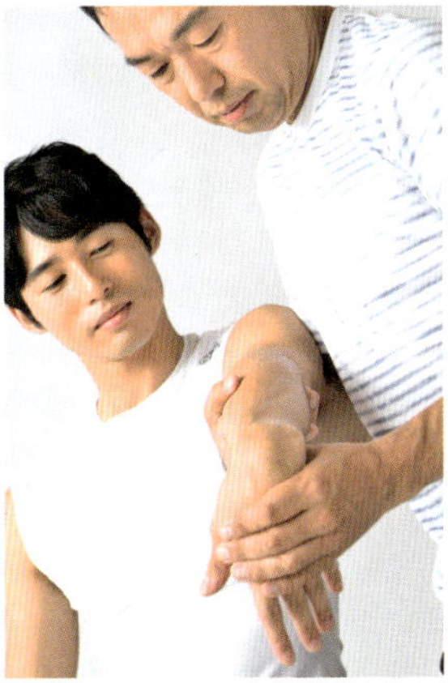

イスに浅く腰掛け、腕を伸ばしたまま座面に両手の甲をつける。息を吐きながら、手の甲に体重をかける

Column 2

「ストレッチでやせる」の真実

「ストレッチだけではやせられません」

これは取材を受けるたびに、お話ししていることのひとつです。

ストレッチは運動経験に左右されない動作なので、体力のないお年寄りでもすぐ始められる手軽さが魅力です。その代わり消費カロリーは非常に少なく、安静時よりは多いもののウォーキングの半分程度。30分やっても40〜50キロカロリーと飴玉2つぶん程度ですから、これだけでやせるのは難しいのです。

では、やせたい人がストレッチを習慣にするのは無駄な努力なのでしょうか。

じつは、一概にそうとも言いきれません。

ストレッチを続けると、筋肉の柔軟性が上がり血流の促進につながります。その結果「体が動きやすい」「こりや痛みが軽減した」「疲れが溜まりにくい」という体感が得られるように。こうなれば歩くことも苦にならず、階段を上っても小走りしても疲れないから、日常生活の活動力が自然とアップ。気づいたら「だるい」「体が重いなぁ」という日々から脱し、通勤時間や買い物ついでにウォーキングをする習慣がついたという人は大勢います。

ストレッチに脂肪燃焼効果は期待できなくても、太りにくい生活につながってやせていく可能性は充分あります。身近に「ストレッチでやせた！」という方がいたら、それは柔軟性アップにより自然と活動量が上がった成果かもしれませんよ。

chapter 4

世界一伸びるストレッチ

胸・お腹・腰

胸・お腹・腰
のストレッチ

胸と背中を入念に伸ばし
姿勢の悪化や腰痛を防ごう

加齢によって硬くなりやすい胸、
姿勢を維持するだけで
疲労する腰はしっかりほぐそう。

このエリアの筋肉は、おもに姿勢維持や腰痛に関わります。大胸筋は年齢とともに硬くなりやすい筋肉の代表。硬くなると肩が前に出て猫背になりやすいので、姿勢の悪化を防ぎ腰痛を予防するためにもほぐしましょう。大胸筋を伸ばすと、肩甲骨に関与する深部の筋肉、小胸筋も同時にストレッチできます。

背骨の両脇に走る脊柱起立筋は、ストレッチしても伸び感を得にくい筋肉。両ひざを抱えるストレッチがおなじみですが、さらにダイナミックなポーズで強い伸び感を追求しました。また、全身に広がる神経は背骨のあいだから出ています。脊柱起立筋が拘縮して骨が圧迫されると、神経も刺激され痛みの原因に。うまくほぐせば神経の圧迫を解消し、痛みが軽減されるかもしれません。

お腹は、多くの人が張りとこりを感じる背中と違い「こるからマッサージしてほしい」というリクエストはほとんど受けたことがありません。それもそのはず、お腹の前面を覆う腹直筋は、もともとストレッチが必要ないほど、非常に柔軟性に富んでいる筋肉。それでも腹筋運動が習慣の人にはよいでしょう。体側・腹斜筋群のストレッチは、デスクワークの合間に行うと、上半身や肩の緊張がほどけて爽快感を得られます。

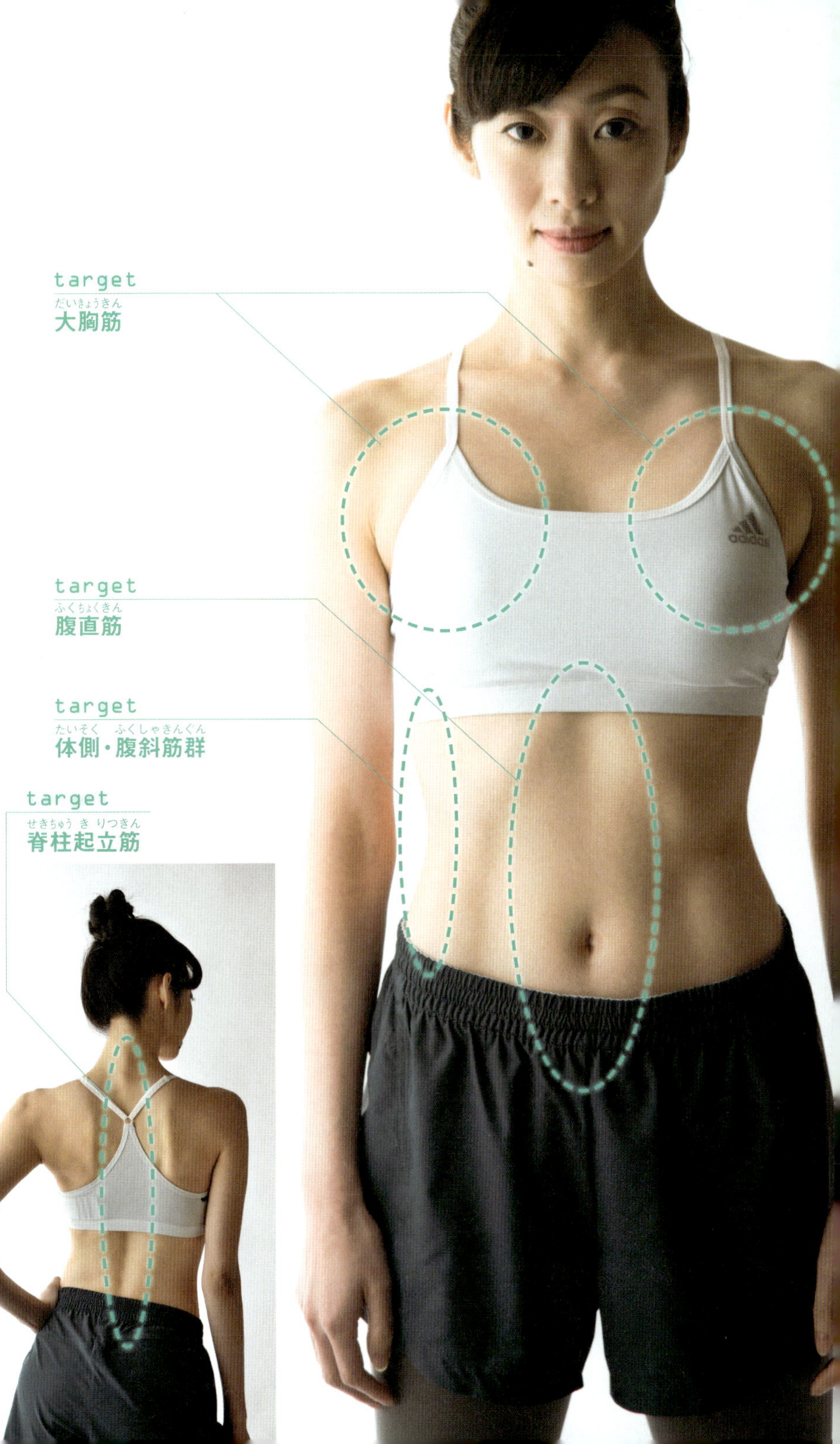
target
大胸筋《だいきょうきん》
target
腹直筋《ふくちょくきん》
target
体側《たいそく》・腹斜筋群《ふくしゃきんぐん》
target
脊柱《せきちゅう》起《き》立筋《りつきん》

胸のストレッチ

target area

大胸筋《だいきょうきん》

胸を覆い、物を抱える、腕立て伏せで床を押すときなどにはたらく。加齢によって衰えやすく、硬くなると姿勢の悪化につながる。面積が広いので、上・中・下の3方向に伸ばすのが基本。

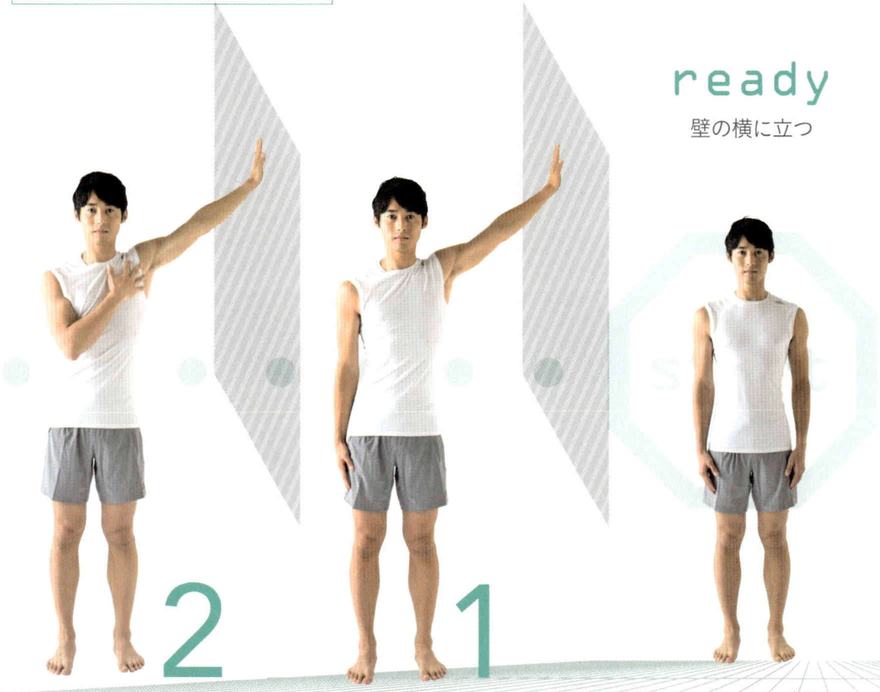

ready

壁の横に立つ

1

上げた手を壁につく

壁側の腕を体より後方の斜め上に上げて、手のひらを壁につく

2

手のひらを胸に当てる

もう一方の手のひらを上げた腕側の胸に当てる

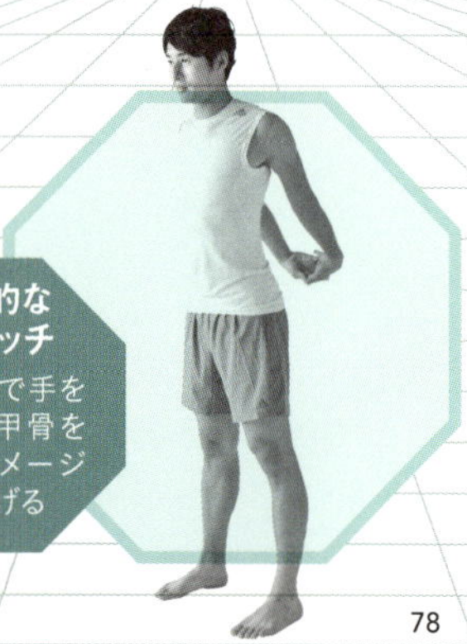

一般的なストレッチ

体の後ろで手を組む。肩甲骨を寄せるイメージで腕を上げる

胸のストレッチ
Variation

3方向に伸ばす

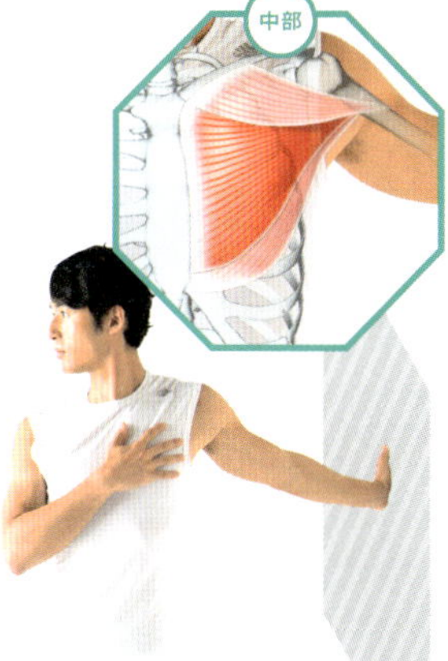

続けて壁についた手を肩の高さに変えて、指先は後ろに向ける。体幹と顔をひねりキープ

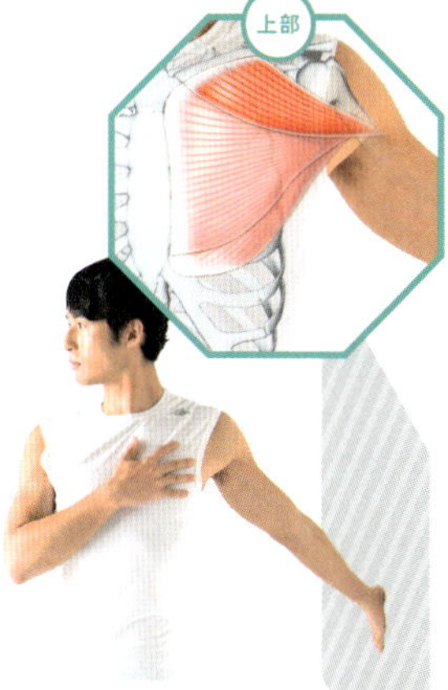

最後は手の位置を腰あたりの高さに変えて、指先を下に向ける。体幹と顔をひねりキープ

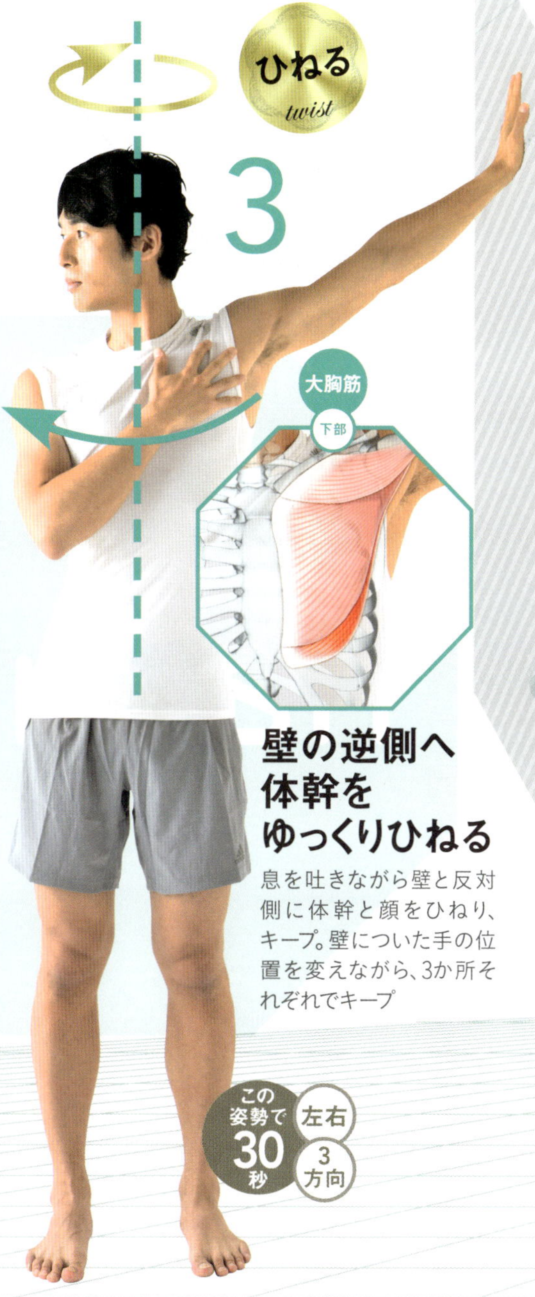

壁の逆側へ体幹をゆっくりひねる

息を吐きながら壁と反対側に体幹と顔をひねり、キープ。壁についた手の位置を変えながら、3か所それぞれでキープ

この姿勢で30秒　左右　3方向

hard もっと伸びるストレッチ①

ready

イスなどの近くに座る

胸のストレッチ variation

hard もっと伸びるストレッチ②

壁に腕全体を押しつける

一方の肩が壁に触れる位置で、壁の横に立つ。壁側の腕を後ろに伸ばし、手のひらから腕のつけ根まで壁につけたら体幹をひねって、腕を上・中・下の3方向でキープ

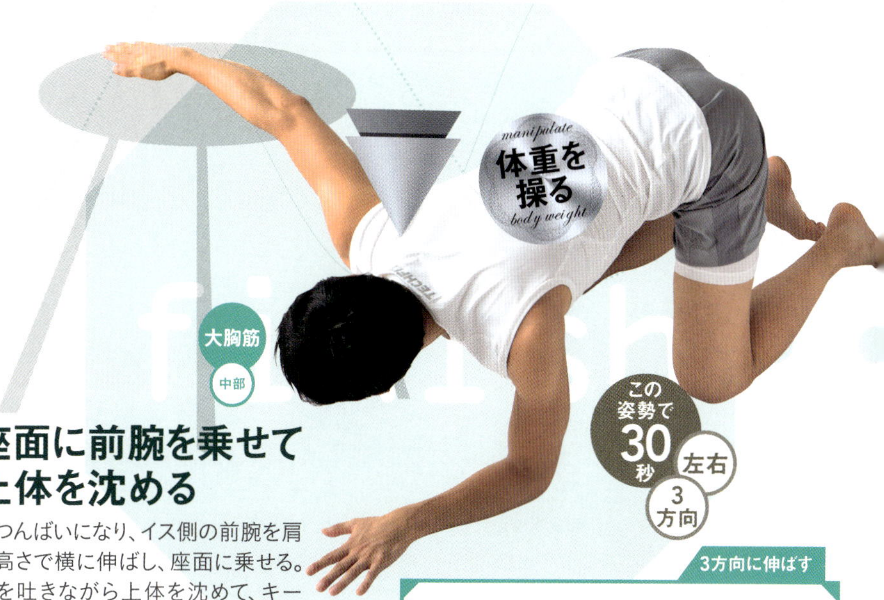

座面に前腕を乗せて上体を沈める

四つんばいになり、イス側の前腕を肩の高さで横に伸ばし、座面に乗せる。息を吐きながら上体を沈めて、キープ。手の位置を変えながら、3方向それぞれでキープする

パートナーストレッチ
partners stretch

上体が後ろに倒れないよう相手の背中をひざ下で支えながら、つかんだ両腕を後ろに引く

3方向に伸ばす

続けてイスに乗せた手を斜め下に向け、息を吐きながら上体を沈めてキープ

最後はイスに乗せた手を斜め上に向け、息を吐きながら上体を沈めてキープ

target area
腹直筋《ふくちょくきん》

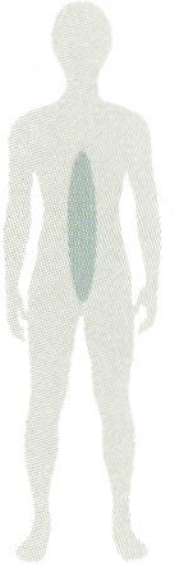

腹部前面に走る。腹式呼吸や全身の動作を連動させることで伸び感が増す。反ると腰が痛い人は、この部位のストレッチを避けたいが、前屈すると腰が痛む人には腰痛予防にもなる。

お腹のストレッチ 1

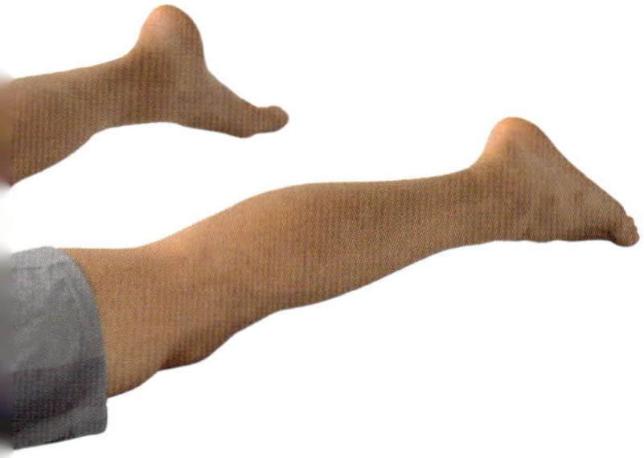

ready
うつ伏せになる

1

前腕をつき上体を少し上げる

息を吐きながら上体を少し反らせ、肩の下にひじがくるよう位置を調整する

一般的なストレッチ
うつ伏せになり、腰から上体を反らすだけ

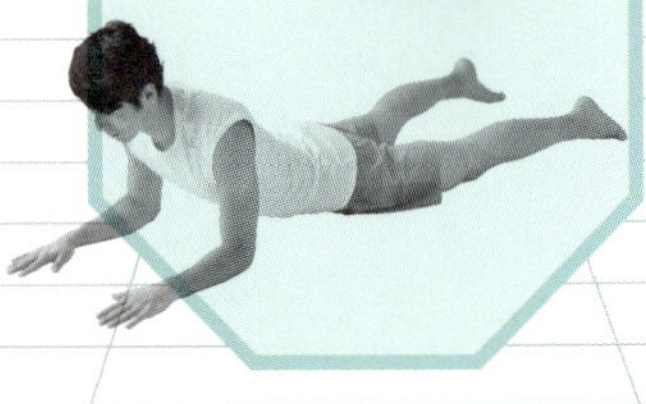

お腹のストレッチ
Variation

NG

腰の反らせすぎ

ひじを伸ばし、上体を起こしすぎると腰に負担がかかる

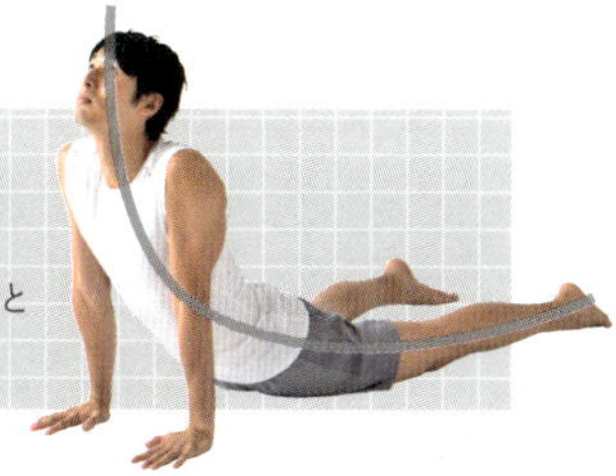

2 お腹を凹ませ息を吐く

最初にお腹を凹ませながら、口または鼻から息を吐ききる

横から見ると

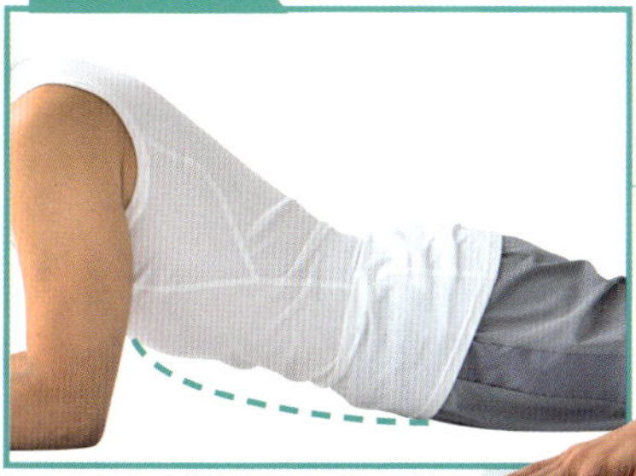

3 息を吸って お腹を膨らませる

お腹を膨らませるように鼻から息を吸い込む。腹部全体が風船のように左右上下に膨らんでいくイメージで行ってみよう

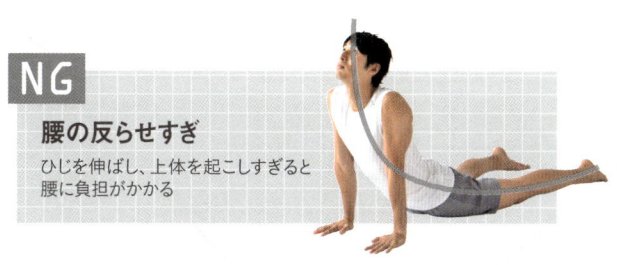

お腹のストレッチ1 variation

hard もっと伸びるストレッチ①

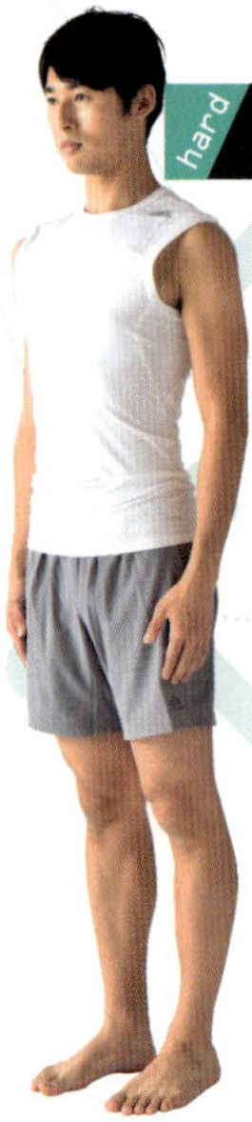

ready

両足をそろえて立つ

1

足を踏み出し 腰を深く沈める

大きく一歩踏み出し、後ろ脚のひざが床すれすれになるまで腰を沈める

hard もっと伸びるストレッチ②

この姿勢で30秒

manipulate 体重を操る body weight

バランスボールの上であお向けに

バランスボールの上に腰から背中を乗せ、四肢を大きく広げたまま、深呼吸

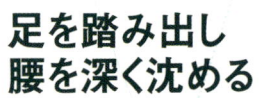

P83と同様の姿勢で、腹部に力を入れて引っ込めたまま、胸式呼吸を続ける。腹部を引っ込めると腰の筋肉に力が入って固定されるため、腰が反りすぎず痛みが生じにくい

2 両腕を伸ばしたまま正面から上げる

息を吐きながら、体の正面を通して腕を頭上に上げる。このとき腰を少し押し出すようにして体重を乗せ、腰を反らせる

両腕を上げることで腹直筋が自然とストレッチされます。同時に腸腰筋も伸びる、一石二鳥のポーズです!

target area
体側《たいそく》・腹斜筋群《ふくしゃきんぐん》

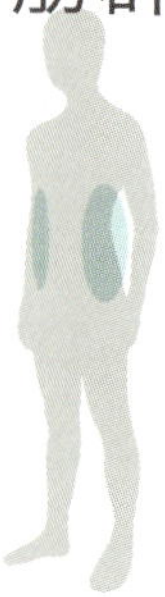

体側筋という筋肉は存在しないので、実際には広背筋と腹斜筋群（内腹斜筋、外腹斜筋）を伸ばしている。上半身の疲労感を軽減する効果がある。

お腹のストレッチ 2

ready
両手でそれぞれタオルの端を持ち、床に正座する

1 お尻を横にスライドさせる

お尻をどちらか一方にスライドさせて床に落とす

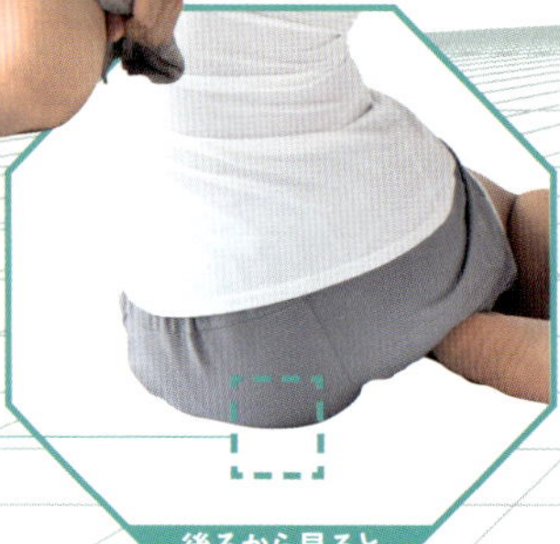

point
片側のお尻を床につける

後ろから見ると

一般的なストレッチ
両腕を頭上に伸ばし、上体を横に倒す

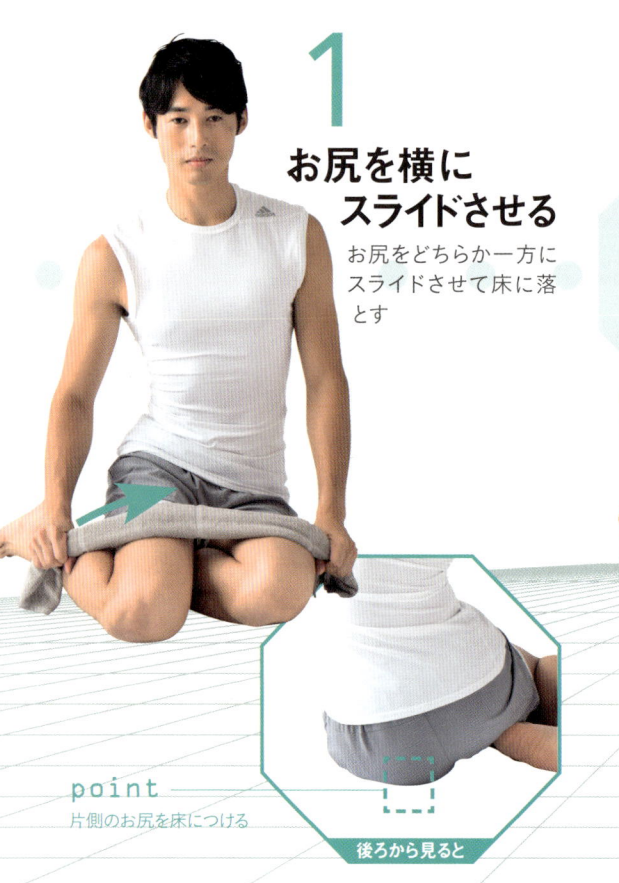

お腹のストレッチ
Variation

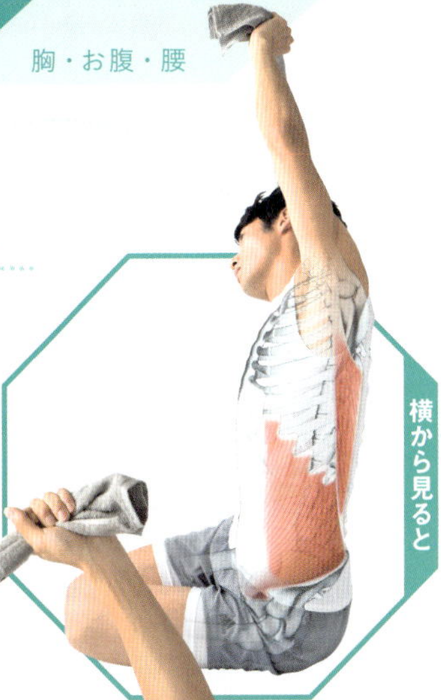

easy 簡単ストレッチ

タオルなしで側屈する

床についたお尻と同じ側の腕を頭上に伸ばす。息を吐きながら上げた腕とは逆側に側屈し、キープ

2 両腕を頭上へ伸ばす

両腕を頭の上に伸ばす。両手の幅は肩幅以上に調整し、肩の力を抜く

3 息を吐きながら側屈

息を吐きながら、下げたお尻の逆側へ上体を横に倒してキープ

お腹のストレッチ❷ variation

ひざが痛くてもできる!

ready

イスに腰掛け、大きく左右に足を開く

1

腕を左右に伸ばす

手のひらを正面に向けて、両腕を左右に伸ばす

hard もっと伸びるストレッチ

バランスボールの上で横になる

バランスボールの上で、横向きに寝る。上になる腕は頭の上に伸ばし、力を抜く。下方の腕と両足を床につけて、安定したらキープ

この姿勢で30秒 左右

manipulate 体重を操る body weight

腰が痛くてもできる!

壁を前にして立つ。両手を頭上に伸ばして壁につき、息を吐きながら側屈してキープ

この姿勢で30秒 左右

パートナーストレッチ
partners stretch

腕を頭の後ろに回してひじを押さえ、同じ側の腰が浮かないよう骨盤を押さえながら伸ばす

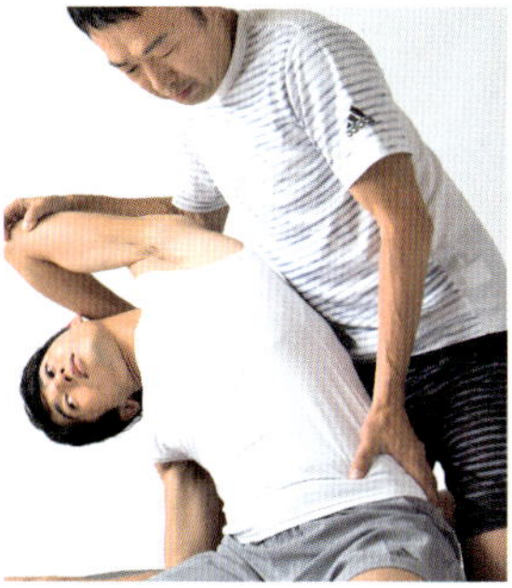

easy 簡単ストレッチ

後頭部に手をつけて側屈

イスに腰掛け、一方の腕は下ろし、もう一方は手のひらを頭の後ろにつける。息を吐きながら、下ろした腕のほうへと側屈

この姿勢で30秒 左右

2

腕が真上に伸びるよう体を横に倒す

息を吐きながら上体を側屈。視線は上がっていく指先に向け、腕が真上にきたところでキープ

この姿勢で30秒 左右

target area

脊《せき》柱《ちゅう》起《き》立《りつ》筋《きん》

背骨の両脇に縦に走る大きな筋肉。姿勢を維持するだけで負荷がかかり、硬くなると姿勢が悪くなる原因に。体重を使うことで、このように長い筋肉も伸ばすことが可能となる。

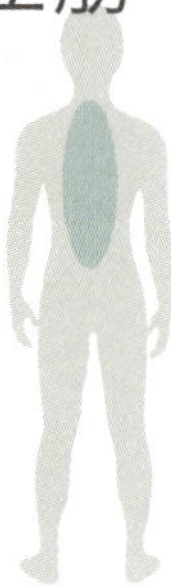

腰のストレッチ

1 ボールに体を預ける

ひざ立ちになる。バランスボールを体の前に置いて、下腹部をボールにつける

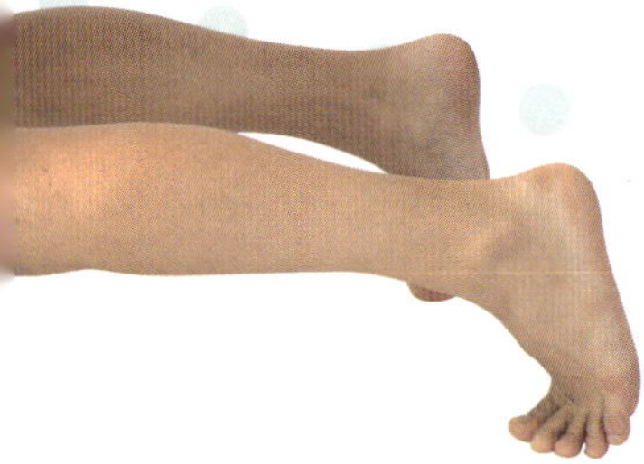

この姿勢で30秒 左右

2 ボールに座り振り向く

バランスボールに座る。息を吐きながら振り向く。視線も自然に後ろへ向けてキープ。腰から下は固定したまま行う

一般的なストレッチ

あお向けになり、ひざを胸に引き寄せる

腰のストレッチ
Variation

NG

上体がボールに乗っていない

胸をボールに乗せても脊柱起立筋は伸ばせない

2

ボールに乗り脱力

ボールを少し前に転がし、おへそがボールの中心にくるように乗る。手足を床につけて安定したら腰の力を抜き、キープ

この姿勢で30秒

hard もっと伸びるストレッチ

ボールの上で体を弓なりにする

ボールに体を乗せたら手足を床につき、体が弓なりになるようにしてキープ

この姿勢で30秒 左右

後ろから見ると

easy 簡単ストレッチ

正座から前屈して脱力

正座したら上体を前に倒し、頭を床につける。両腕を後ろに伸ばし全身の力を抜いてキープ

この姿勢で30秒

パートナーストレッチ
partners stretch

あお向けで上体を固定してもらい、横から両脚を引き寄せる

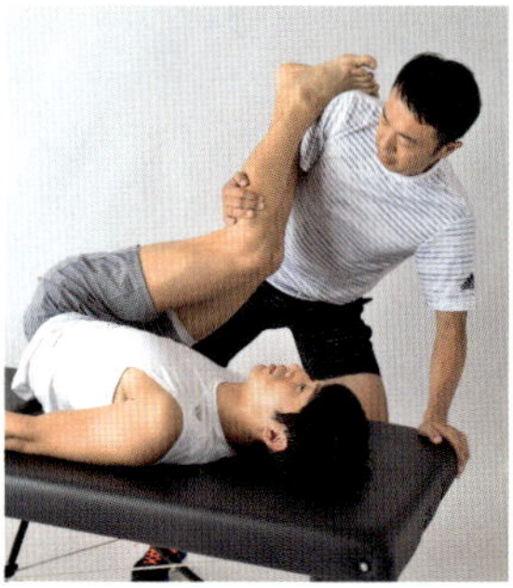

腰のストレッチ variation

腰が痛くてもできる!

1

太ももにクッションを乗せてイスに腰掛ける

イスに浅く腰掛け、
クッションを太ももに乗せる

2

息を吐きながら前屈

息を吐きながら、前屈。腕を太ももの裏に回して組み、背すじを丸くしたままキープ

この姿勢で30秒

chapter 5

世界一伸びるストレッチ

お尻・股関節まわり

お尻・股関節まわりのストレッチ

骨盤を安定させて疲れにくい体づくりを

体の土台・骨盤や股関節の機能に影響。
ウォーキングやランニングが日課の人は、
特にしっかりストレッチをしよう。

お尻や股関節まわりの筋肉は、体の土台とも言える骨盤、そして股関節の安定や動作に関与。このエリアの柔軟性を保つことは、健康的な体を維持するためにはずせません。

臀部で最も強靭な大臀筋《だいでんきん》は、歩いたり走ったりしたときに地面からのインパクトを吸収します。ケアを怠ると疲れも溜まりやすく、硬くなると腰痛にもつながるので、特にウォーキングやランニングを習慣化している人は合わせて行いたいストレッチ。中臀筋もセットで、必ず行ってください。

また、臀部が硬い人はハムストリングスも硬くなっているケースが多いので、双方のケアを心がけましょう。

逆に、股関節を動かす機会が少ない人――歩く習慣のない人や長時間イスに座って仕事をする人――も硬くなりやすいので、大臀筋と腸腰筋（腸骨筋、大腰筋の総称）のストレッチは必須です。これらの部位は硬くなると日常生活での疲れが解消しにくくなり、体を動かすのもおっくうになります。柔軟性が低下するだけでなく太りやすくもなるので積極的にケアを。結果的に腸腰筋のストレッチは反り腰の改善、予防にもなります。

股関節外旋六筋は内・外閉鎖筋、大腿方形筋、上・下双子筋、梨状筋の総称です。梨状筋が硬くなると坐骨神経を圧迫し腰痛の原因になるので、柔軟性を保ちましょう。

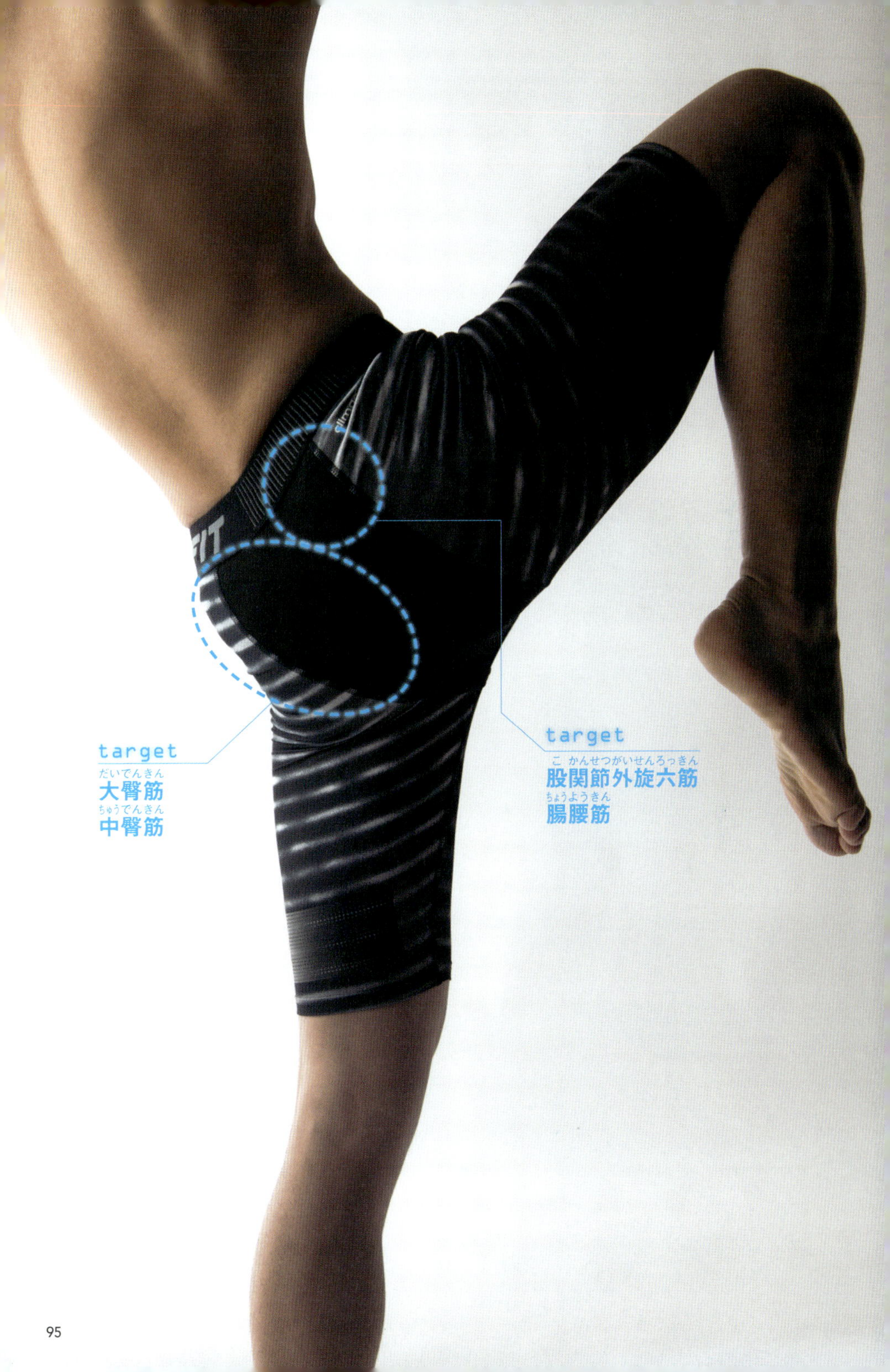
target
大臀筋《だいでんきん》
中臀筋《ちゅうでんきん》
target
股関節外旋六筋《こかんせつがいせんろっきん》
腸腰筋《ちょうようきん》

お尻のストレッチ 1

target area

大臀筋《だいでんきん》

お尻にある非常に大きく厚みのある筋肉。歩いたり走ったりするときに、地面からのインパクトを吸収して骨盤を安定させるはたらきもある、重要な筋肉のひとつ。

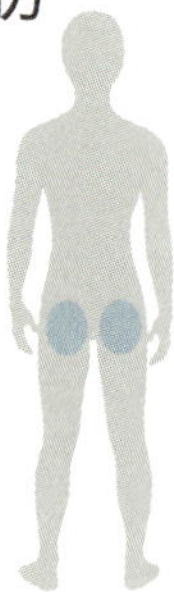

ready

あぐらをかき、体の前にクッションを置く

1 一方の脚をクッションに乗せる

一方の脚を少し前に出し、すねをクッションに乗せる。両手は床につく

一般的なストレッチ

ひざを立てて座り、太ももにすねを乗せる

お尻 のストレッチ
Variation

腰を伸ばしたまま前屈する

いったん腰を伸ばして姿勢を正し、息を吐きながら上半身を腰から倒してキープ

2

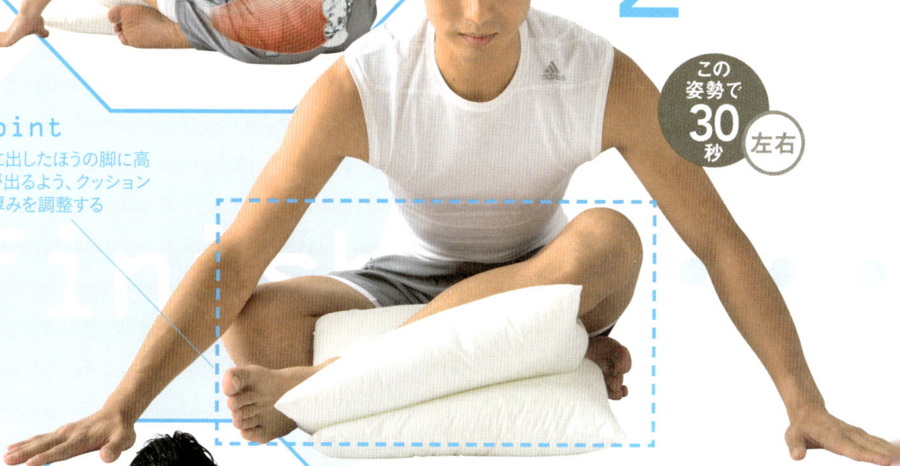

point
前に出したほうの脚に高さが出るよう、クッションの厚みを調整する

point
腰から背中をまっすぐに保ったまま、上半身を前に倒す

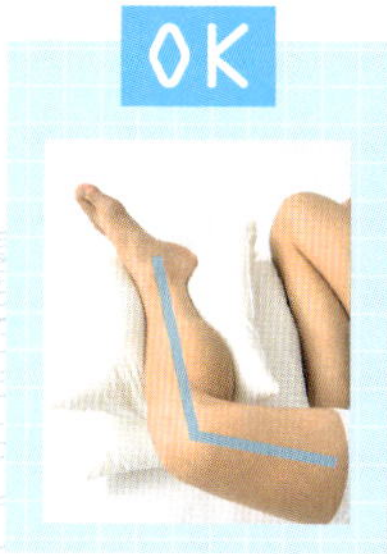

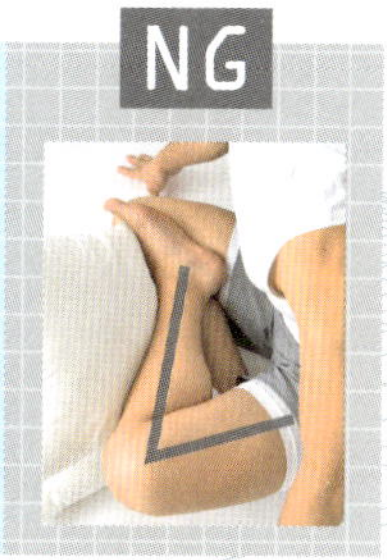

ひざ下を体に近づけすぎない

クッションに乗せた脚が体に近すぎると大臀筋が伸びないので注意

お尻のストレッチ❶ variation

ひざが痛くてもできる!

ready

イスに深く腰掛ける

1

太ももに足を乗せる

一方の足首を、もう一方の脚の太もも（ひざあたり）に乗せる

easy 簡単ストレッチ

壁を使って前屈

壁の前に立ち、すねを太ももに乗せる。壁にお尻をつけたままイスに腰掛けるイメージで腰を沈める。息を吐きながら上体を前屈させキープ

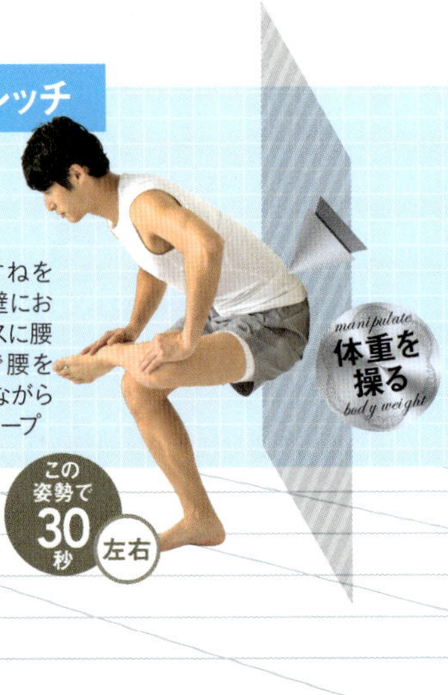

イスに足を乗せて前屈

体の前にイスを置き、一方の足を座面に乗せてひざを開き、手を乗せる。息を吐きながら上体を前屈させて、キープ

脚を両手で下から抱える

2

乗せたほうの脚の、足首、ふくらはぎあたりに手を差し入れて抱える

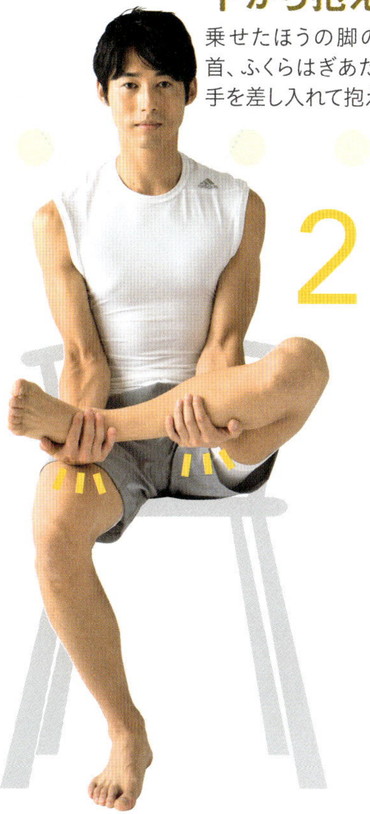

脚を手前に引き寄せる

finish 3

息を吐きながら、抱えた脚を手前に引き寄せてキープ。背すじを伸ばしたまま行う

この姿勢で30秒 左右

パートナーストレッチ partners stretch

あお向けになった相手の一方の脚を、ひざを曲げながら上から押して体に近づける

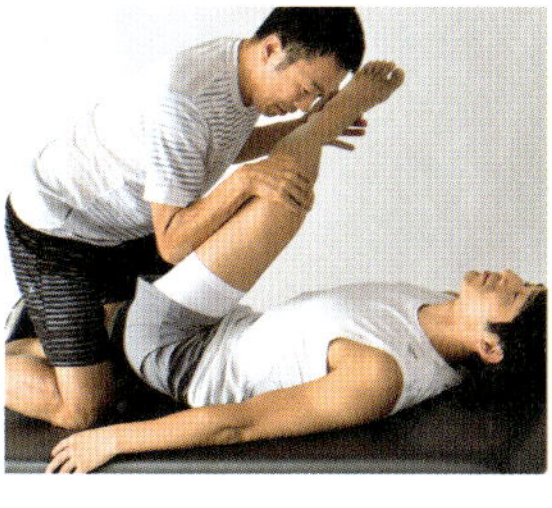

hard もっと伸びるストレッチ

床に座って脚を引き寄せる

あぐらをかき、一方の脚の下に腕を差し入れ、息を吐きながら手前に引き寄せてキープ。背すじが丸まらないよう注意

この姿勢で30秒 左右

target area

大臀筋《だいでんきん》

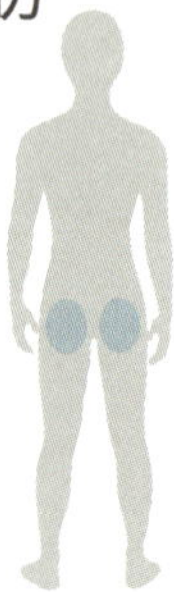

お尻にある非常に大きく厚みのある筋肉。歩いたり走ったりするときに、地面からのインパクトを吸収して骨盤を安定させるはたらきもある、重要な筋肉のひとつ。

お尻のストレッチ ②

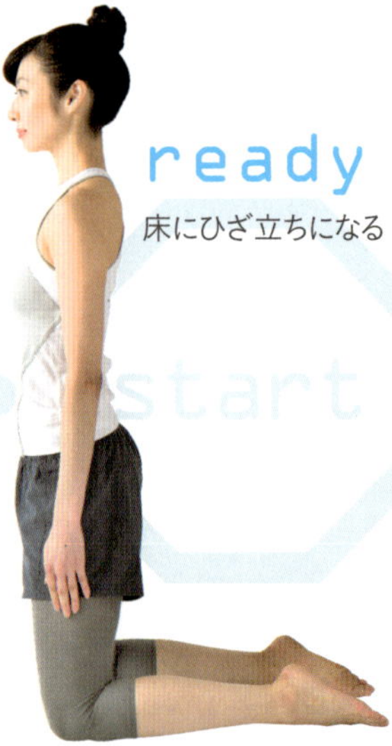

ready

床にひざ立ちになる

脚を前に踏み出す

上半身を前に倒し、両手を床につく。踏み出したほうのひざ下が両肩を結んだラインと平行になるように、足先を逆側の腕のほうへ流す

1

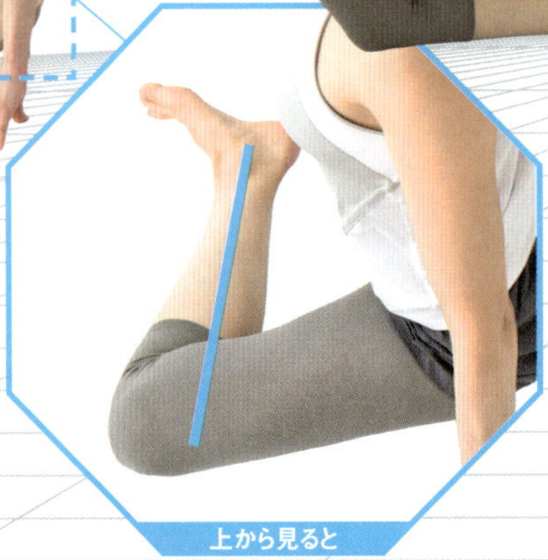

上から見ると

一般的なストレッチ

あお向けになり、足首を太ももに乗せて手前に引き寄せる

お尻 のストレッチ
Variation

腰の高さを平行に保つ

骨盤が一方に傾くのはNG。一方のお尻が浮いていいので、骨盤の左右は平行に保つ

2 腰を床へ沈める

後ろの脚を後方へ伸ばし、お尻ができるだけ床に近づくよう腰を深く沈める

3 前傾姿勢でキープ

息を吐きながら上体を前に傾ける。踏み出した脚と同じ側のお尻に伸びを感じたらキープ

お尻のストレッチ② variation

ひざが痛くてもできる!

ready

イスに深く腰掛ける

1

足首を太ももに乗せる

一方の足首をもう一方の太もも(ひざ上あたり)に乗せる。手は乗せたほうの脚に

hard

もっと伸びるストレッチ①

腕を前に伸ばし さらに前傾を深める

前ページの姿勢から両腕を前に伸ばし、さらに上体を深く前に倒してキープ。両腕の下にストレッチポールなどを入れて高さを出すと、より伸び感が強まる

hard もっと伸びるストレッチ②

一方の足をイスに乗せて体重をかける

安定したイスの座面に一方の足を置いて行う。イスをしっかりつかみ、後ろの脚を後方へ引きながら腰を深く沈めてキープ

息を吐きながら上体を前に倒す

息を吐きながら上体を前に倒す。このとき背中を丸めず、腰を伸ばしたまま前傾すること

easy 簡単ストレッチ

立位で前屈

足首をひざ上あたりに乗せてなにかにつかまり、ひざを曲げながら前屈

お尻のストレッチ 3

target area

中臀筋《ちゅうでんきん》

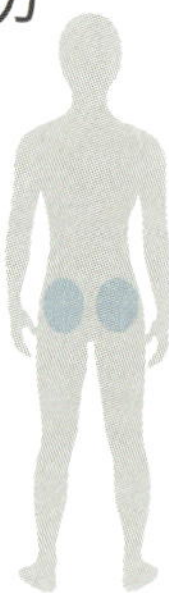

お尻の左右にあり、骨盤を安定させるはたらきがある。歩くときや走るときに、つねに使われている筋肉で、大臀筋とともに硬くなる。脚の重みを使うと簡単に伸ばせるので、大臀筋を伸ばすついでに行いたい。

ready

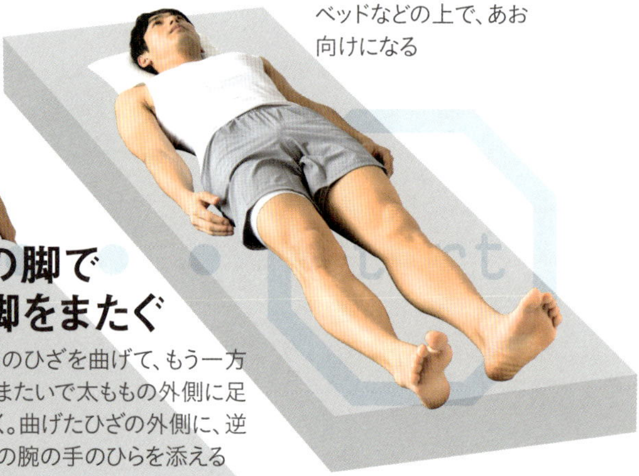

ベッドなどの上で、あお向けになる

1

一方の脚で逆の脚をまたぐ

一方の脚のひざを曲げて、もう一方の脚をまたいで太ももの外側に足をつく。曲げたひざの外側に、逆側の腕の手のひらを添える

腰が痛くてもできる!

この姿勢で30秒 左右

床に長座する。一方の脚で、もう一方の脚をまたいだらひざを立てる。伸ばした脚の側のひじを、曲げた脚の外側にかけ、上体をひねってキープ。視線は後ろに

一般的なストレッチ

あお向けになり、一方の脚を曲げて内側に倒す

NG

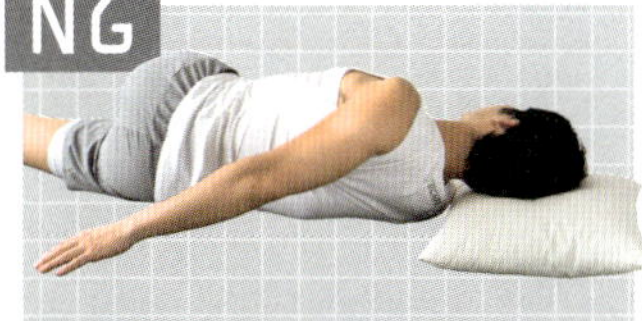

肩を浮かせて上体をひねっている

OK

両肩がベッドにつき胸が上を向いている

easy 簡単ストレッチ

ひざに足首をかけて内側に倒す

あお向けになり両ひざを立てる。一方の足首をもう一方のひざの外側にかけ、ひざを内側に倒してキープ

この姿勢で30秒 左右

またいだ脚をベッドから下ろす

またいだほうの脚のひざ下をベッドの端から下ろし、お尻に脚の重みを感じる状態をキープ

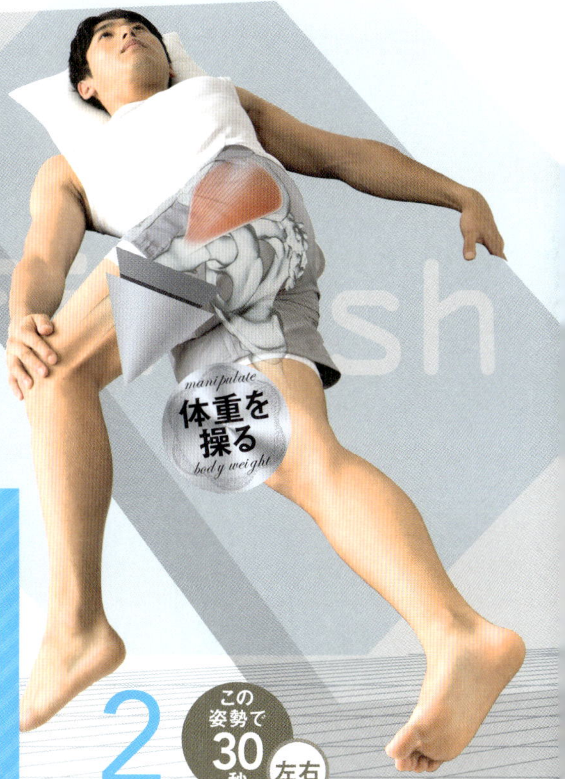

2

この姿勢で30秒 左右

パートナーストレッチ

partners stretch

あお向けになってもらい、一方のひざを曲げたら骨盤を押さえながら、ひざを押していく

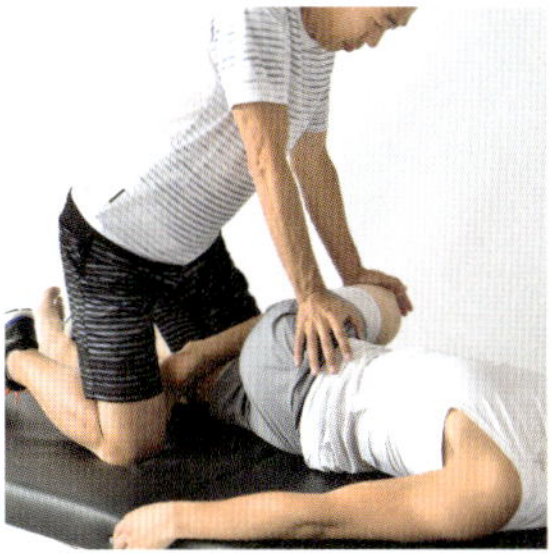

股関節まわりのストレッチ

target area

股《こ》関節《かんせつ》外旋《がいせん》六筋《ろっきん》

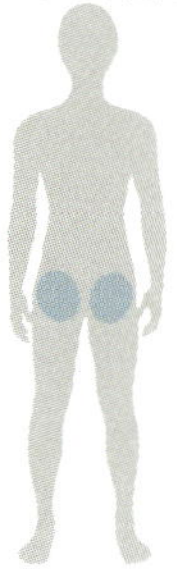

股関節まわりの細かい6つの筋肉の総称で、股関節の外旋運動に関与。路面が不安定なところでランニングなどをすると、負担がかかりやすい。普段からストレッチをしている人が少ない部位。

ready

あぐらをかく

1

一方のひざを立てる

2

もうー方の脚をまたぐ

ひざを立てた脚でもう一方の脚をまたぎ、ひざの外側に足をつく

一般的なストレッチ

普段からストレッチをしている人を、あまり見かけないため、ぜひ取り入れてほしい

股関節まわりのストレッチ
Variation

上体をひねる

背すじを伸ばし、息を吐きながら、またいだ脚の側の後方へ上体をひねる。脚を胸に引き寄せつつ、視線を後ろに向けキープ

3

point
ひざにかけた腕で太ももをできるだけ胸に引き寄せる

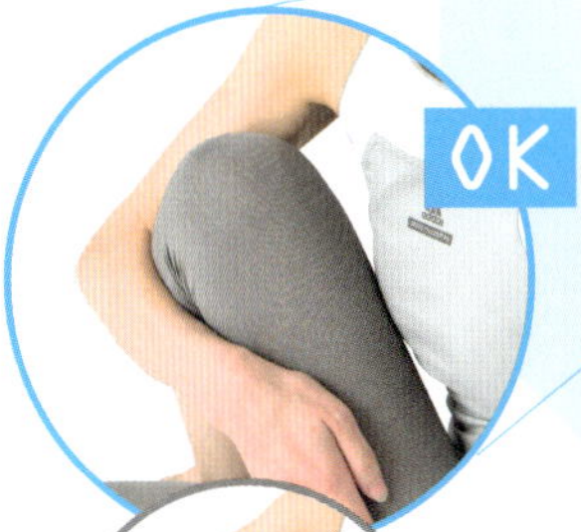

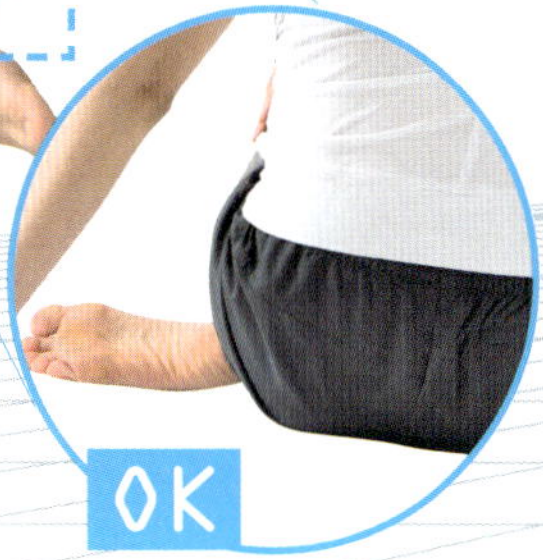

point
上体をひねったときも、お尻は浮かさない

NG
一方のお尻が浮いてしまう
上体をひねったときにつられてお尻が浮くと、股関節外旋六筋が伸びない

ひざをまたぐ

一方の脚で、もう一方の脚をまたぎ、
ひざの外側の座面に足をつく

ひざが痛くてもできる!

ready
イスに浅く腰掛ける

1

股関節まわりのストレッチ variation

ひざが痛くてもできる!

この姿勢で30秒
左右

うつ伏せで足をつかむ

うつ伏せになり、一方のひざを曲げてお尻の横に足を寄せる。同じ側の手で足の甲、または甲にかけたタオルを持ち、息を吐きながら足を床に近づけてキープ

hard **もっと伸びるストレッチ**

両腕で脚を胸に引き寄せる

P107から、立てたひざに両腕を回して胸に引き寄せると、さらに伸び感が高まる

上体を後ろにひねる

背すじを伸ばし、息を吐きながら、またいだ脚の側の後方へ上体をひねる。脚を胸に引き寄せつつ、視線も後ろに向けてキープ

2

パートナーストレッチ
partners stretch

一方の脚を伸ばして押さえ、もう一方の脚はひざを外側に曲げて上から軽く押さえる

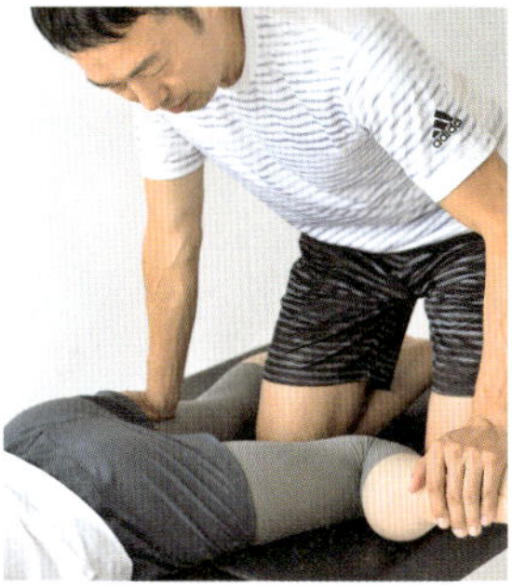

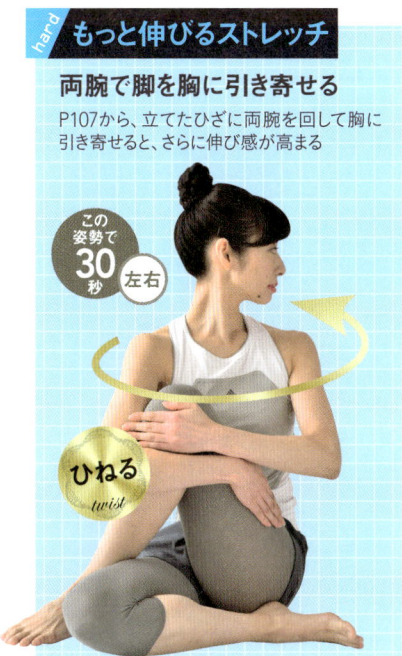

脚のつけ根のストレッチ

target area
腸腰筋《ちょうようきん》

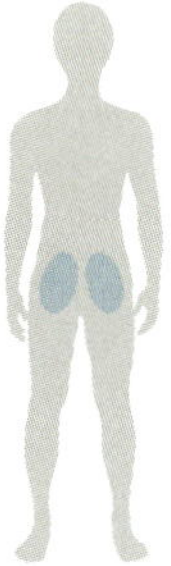

骨盤と大腿骨、腰椎を結ぶ筋群。脚を上げる動作でもはたらく。硬くなると骨盤が前傾して反り腰になり、動かさないとゆるんで猫背になる要因に。加齢によって硬くなりやすい。

ready

ベッドやベンチなどの横に立つ。あらかじめクッションを体より後ろに置いておく

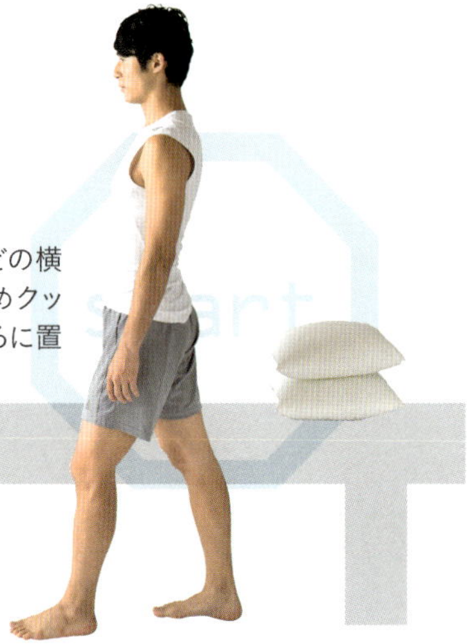

1

クッションに足の甲を乗せる

一方の足の甲をクッションに乗せる。手をベッドの上につく

一般的なストレッチ

脚を大きく前後に開き、腰を落とす

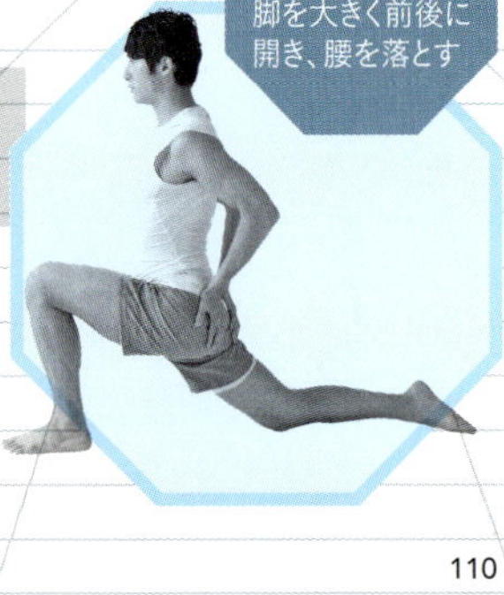

脚のつけ根のストレッチ
Variation

NG

腰だけ反っている

腰を沈めたつもりで腰が反っているだけ。ストレッチの効果が下がるうえ腰に負担がかかる

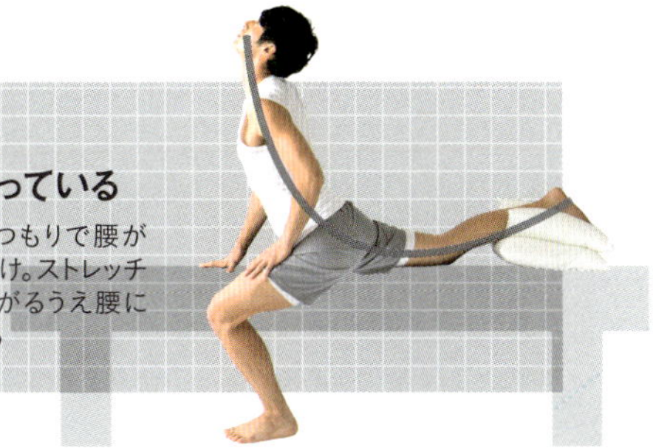

point

甲の下にクッションを置いて高さを出しているので、ひざは軽く曲がっている

2

腰を深く沈める

息を吐きながら、腰を深く沈めてキープ。ベッドに手をついて、バランスをとりながら行うこと

脚のつけ根のストレッチ variation

ひざが痛くてもできる!

ready

壁を横にして立つ

1

壁側の足を大きく一歩前へ

壁に近いほうの足を大きく一歩前に踏み出す

hard

もっと伸びるストレッチ

床で行って伸び感を強める

大きく前後に脚を開き、後ろの脚のすねをクッションに乗せる。後ろの脚と同じ側の腕は頭上に伸ばし、もう一方の手は腰に添える。息を吐きながら、伸ばした腕の反対側に上体をひねり、キープ

壁側へ上体を側屈

両腕を頭上に伸ばし、息を吐きながら上体を壁に向かって曲げていく。手のひらを上下で壁につけて、キープ

2

easy **簡単ストレッチ**

片手を壁について行う

壁を横にして立つ。壁に近いほうの手を壁につき、反対の手はお尻に添える。両足を前後に大きく開き、腰を前に突き出しながらキープ

パートナーストレッチ
partners stretch

ひざを曲げたまま一方の脚を持ち上げ、手でお尻を上から押さえる

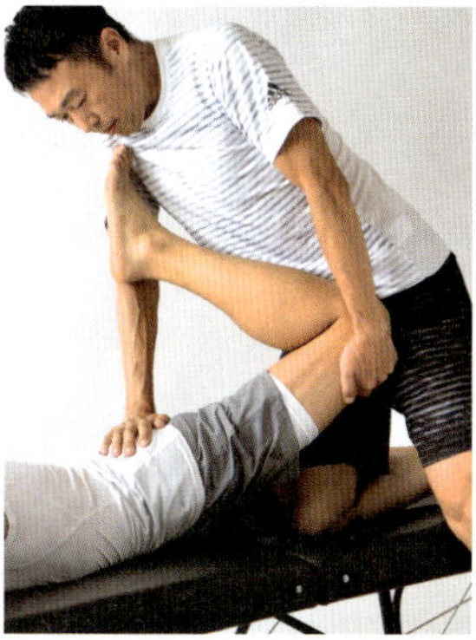

Column 3

「180度開脚」は関節を不安定にさせるおそれあり

「180度の開脚ができるようになりたい」

これは、おもに女性のクライアントからいただく要望です。もちろん体の柔軟性が高いほうが快適に過ごせますが、「180度開脚」までいくと過度な柔軟性になりかねません。

柔軟性の象徴とも言えるバレリーナや新体操選手の関節可動域が、過剰に広いのは確かです。でも、それだけでは美しい演技はできません。その可動域ですばやく動くことに耐えうる筋力を身につけ、さらに関節が安定するよう日々の練習やトレーニングで鍛え上げているからこその動作や容姿なのです。

たとえば運動習慣が皆無の人が股関節まわりのストレッチだけに励み、前後左右に180度以上開脚できるようになったとします。すると立っているだけ、歩くだけでも股関節がグラグラする危険性が生じることに。動くたびに、やせ細った筋肉と伸びやすい靭帯《じんたい》に過度な負荷がかかるため最悪、靭帯が切れたり、腱《けん》や骨、軟骨が損傷したりするおそれもあります。

人間の股関節は、前後に140度、左右には90度開くのが標準です。そもそも180度も開脚する構造ではありません。それを、ただ「180度開脚したい」という願いを叶えたとしても、かたちだけ。彼女たちの美や健康に近づけることはないでしょう。

プロのアスリートでも180度の開脚ができない人が多いことからもわかるように、要求される可動域は競技によって異なります。

その人の仕事や生活に必要な柔軟性を保つことが大切なのです。

chapter 6

世界一伸びるストレッチ

太もも

太もも
のストレッチ

ひざを支える下半身の要。
硬くなりやすい裏側に注意を！

疲れやすい大腿四頭筋と
日本人は硬くなりやすいハムストリングス。
生活の質を下げる元凶となるため、
最優先で伸ばしたい。

股関節のはたらきや骨盤の安定をサポートするほか、障害からひざを守るために、太ももには大きな筋肉がついています。大腿四頭筋（大腿直筋《だいたいちょくきん》、中間広筋《ちゅうかんこうきん》、外側広筋《がいそくこうきん》、内側広筋《ないそくこうきん》）は大きな筋肉ですが、疲労を感じやすいのが特徴。仕事などで長時間、座る姿勢が続く人、ウォーキングやランニングが趣味の人はマメにストレッチしましょう。その裏側にあるハムストリングス（大腿二頭筋、半腱様筋《はんけんようきん》、半膜様筋《はんまくようきん》）は、硬くなりやすい筋肉です。ハムストリングスより大腿四頭筋の筋力がやや強いくらいがいいバランスですが、日本人の多くは太もも前側をよく使って動くため大腿四頭筋ばかり強くなります。その結果、ハムストリングスが弱く硬くなりやすく、肉離れを起こしやすくなります。すばやく動こうとして大きく脚を振り上げた瞬間や、子どもの運動会などで急に走ったときなどに太もも裏側の肉離れを起こす理由は、まさにこれです。

O脚の人は大腿筋膜張筋、X脚なら内転筋群（大内転筋、長内転筋、短内転筋、薄筋《はっきん》、恥骨筋《ちこつきん》）に負担がかかりやすい傾向があります。大腿筋膜張筋を酷使し硬くなると腸脛靭帯炎《ちょうけいじんたいえん》になりやすく、これは特にランナーに多い症状です。にもかかわらず伸ばしにくい部位なので、私が指導するアスリートやランナーのほとんどはストレッチバンドを使って伸ばしています。

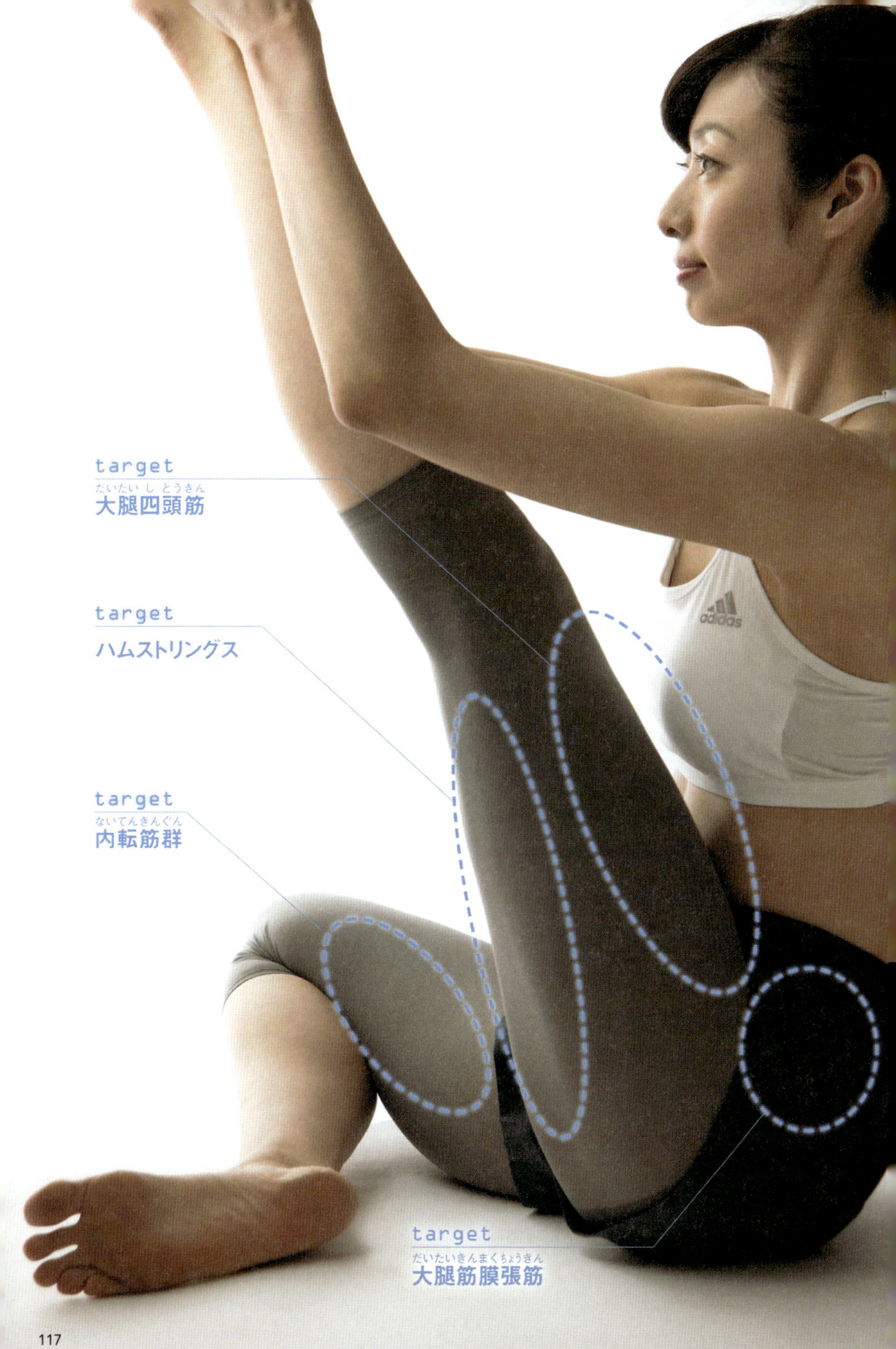
target
大腿《だいたい》四《し》頭筋《とうきん》
target
ハムストリングス
target
内転筋群《ないてんきんぐん》
adidas
target
大腿筋膜張筋《だいたいきんまくちょうきん》

太もも前側のストレッチ ①

target area

大《だい》腿《たい》四《し》頭《とう》筋《きん》

太ももの表側にある大きな筋肉群だが、疲労を感じやすい。ひざを曲げ股関節をしっかり伸展させるのがコツで、①ではひざ関節の屈曲を変えて3方向に伸ばすことで広範囲をストレッチしている。

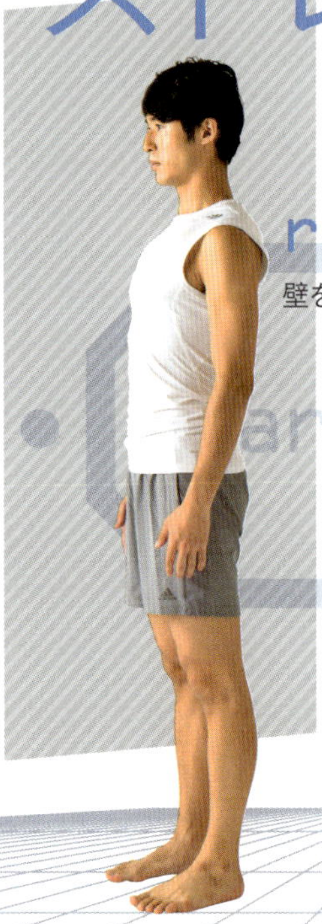

ready

壁を横にして立つ

1

手のひらを壁につく

片足立ちになっても倒れないよう壁側の手を壁につく

一般的なストレッチ

足の甲を持ち、かかとをお尻に引き寄せる

太もも前側のストレッチ
Variation

NG

股関節が伸展していない

持ったほうの脚の、股関節をしっかり伸ばさないと大腿四頭筋は伸びない

2 かかとをお尻に引き寄せる

もう一方の手で、同じ側のつま先を上に向けてつかむ。息を吐きながら、かかとをお尻に近づけてキープ。持った足とひざの位置を変えながら、3方向それぞれで行う

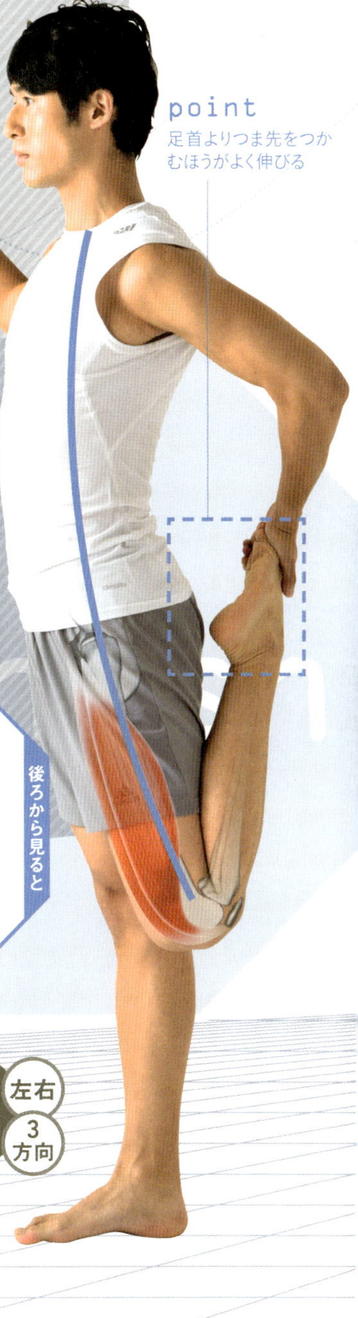

point
足首よりつま先をつかむほうがよく伸びる

この姿勢で30秒 左右 3方向

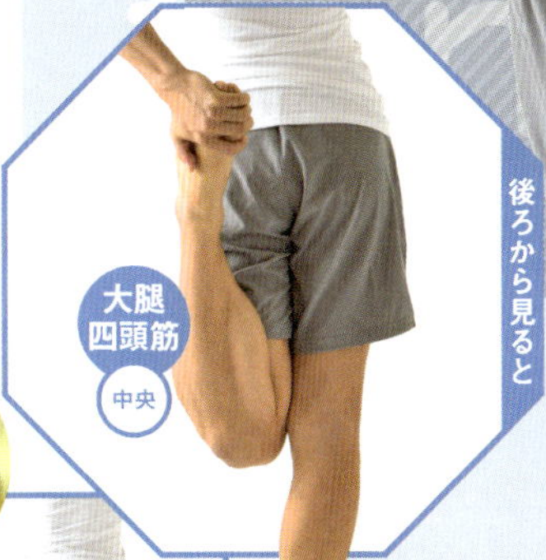

後ろから見ると

3方向に伸ばす

ひねる twist

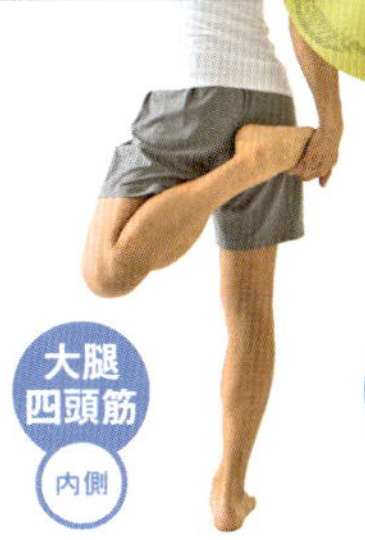

持った足を内側へ引き寄せると、大腿四頭筋の内側がよく伸びる

持った足を外側で引き寄せると、大腿四頭筋の外側がよく伸びる

太もも前側のストレッチ❶ variation

easy **簡単ストレッチ**

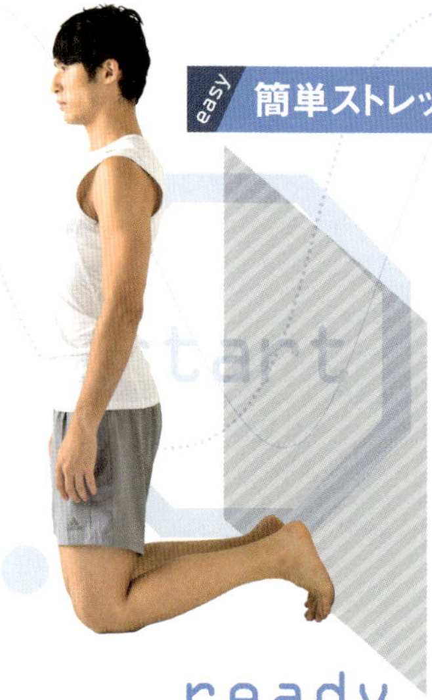

ready

壁に背を向けてひざ立ちになる

一方の足を踏み出す

ひざが直角に曲がるくらいに一方の足を踏み出す

1

hard **もっと伸びるストレッチ**

足の甲を持ち、さらに伸ばす

左ページの3の体勢から、壁につけた足の甲を同じ側の手でつかむ。つま先を真上に向け、かかとをお尻に引き寄せてキープ

この姿勢で30秒　左右　3方向

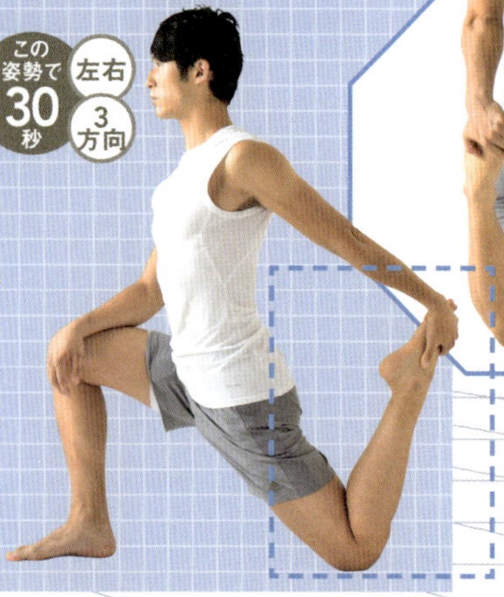

後ろから見ると

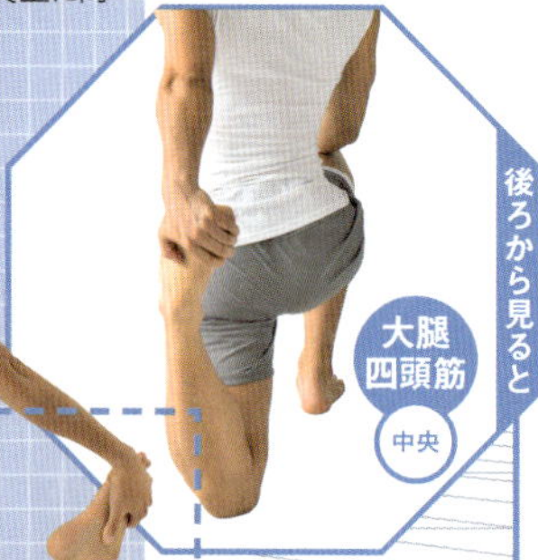

3方向に伸ばす

続けてお尻の外側と内側にも引き寄せる。両方向でそれぞれキープ

パートナーストレッチ
partners stretch

うつ伏せになってもらい、一方の足のかかとをお尻に近づけるよう両手で押していく

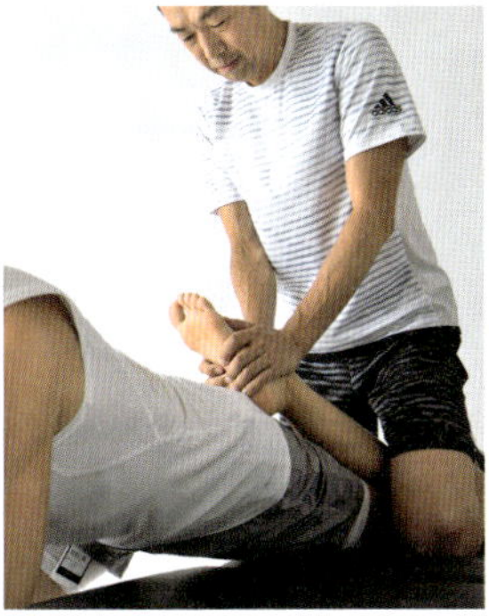

この姿勢で30秒 左右 3方向

ひざが痛くてもできる!

ストレッチバンドを足の甲に引っかける。バンドの端を持ったら肩にかけ、引っ張ってキープ。つま先の向きを変え3方向で行う

2 つま先を壁に引っかける

もう一方の足は壁を伝って上げていき、安定するよう壁に引っかける

3 腰を前に押し出す

足を上げた側の手をお尻に添え、もう一方は太ももの上に。息を吐きながら、腰を前に押し出してキープ。つま先の向きを変え3方向で行う

manipulate 体重を操る body weight

この姿勢で30秒 左右 3方向

太もも前側のストレッチ ②

target area

大腿四頭筋《だいたいしとうきん》

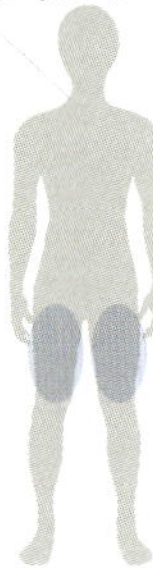

太ももの表側にある大きな筋肉群。ひざを曲げて股関節をしっかり伸展させるのがよく伸ばすコツで、②では足の位置を固定して腰をひねることで、太もも前側の強い伸び感が得られる。

ready

あぐらをかく

1

一方の足の甲をつかむ

一方の脚を横にくずし、足の甲をつかむ

2

point
足が動かないようしっかり床に固定する

お尻のほうに足を引っ張る

股関節を開くようにして、持った足をお尻の後ろに回し床に固定する

一般的なストレッチ

あぐらをかいて一方のつま先をつかみ、お尻に引き寄せる

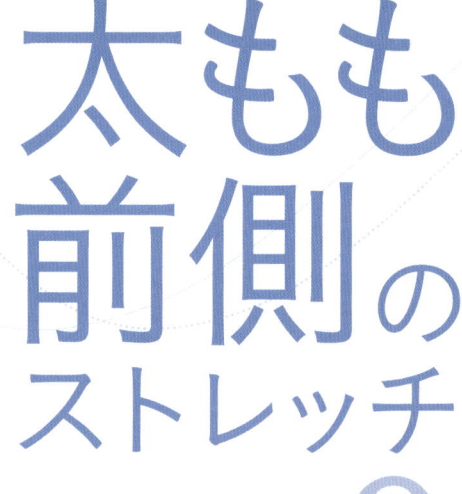

太もも前側のストレッチ
Variation

3
手は腰と床につける

足から離した手を腰に添える。もう一方の手は、できるだけ体の後ろのほうで床につく

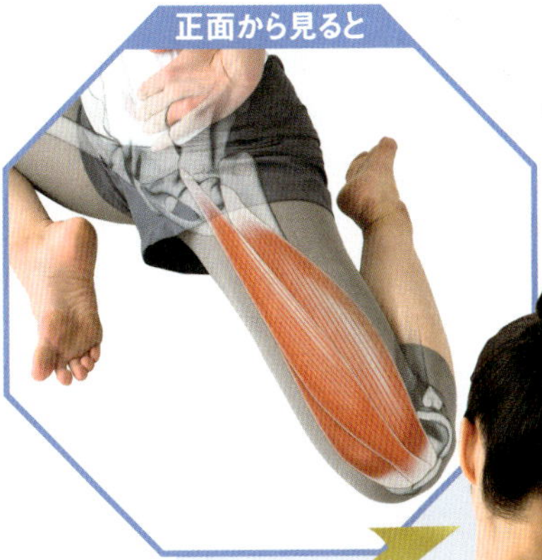

4
腰を押し出して上体をひねる

この姿勢で30秒 左右

息を吐きながら腰を前に押し出し、手をついた側に上体をひねる。肩や胸もひねり、視線もそちらに向けてキープ

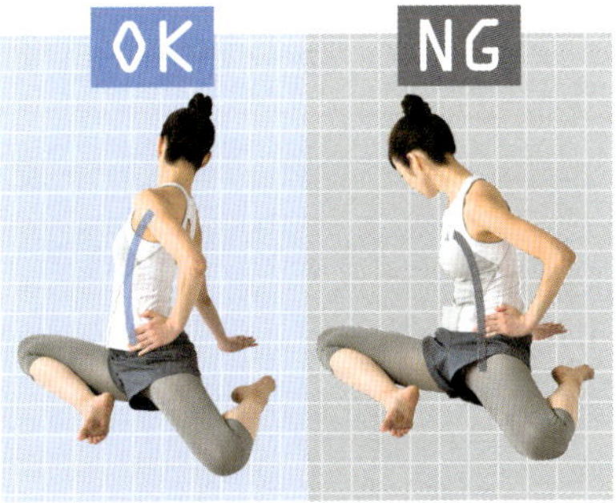

腰をグッと前に入れる

ひねるときは必ず、腰をグッと前に入れる。腰が引けたままでは体をひねれないため、大腿四頭筋は伸びない

太もも前側のストレッチ❷ variation

腰が痛くてもできる!

1 start

太ももの下にクッションを置く

うつ伏せになる。一方の太ももの下にクッションなどを置き、高さを出す

2

一方のひざを曲げる

クッションを敷いたほうの脚のひざを曲げる

hard もっと伸びるストレッチ

下半身にひねりを加える

左ページの3の体勢から、曲げた脚のつま先を逆側の手でつかんで引っ張る。下半身がねじれてもかまわないので、いちばん伸び感が得られるようにしよう

ひねる twist

この姿勢で30秒 左右

パートナーストレッチ
partners stretch

うつ伏せになってもらい、一方のひざを曲げながら持ち上げ、もう一方の脚は固定する。さらに足をつかんでお尻に近づける

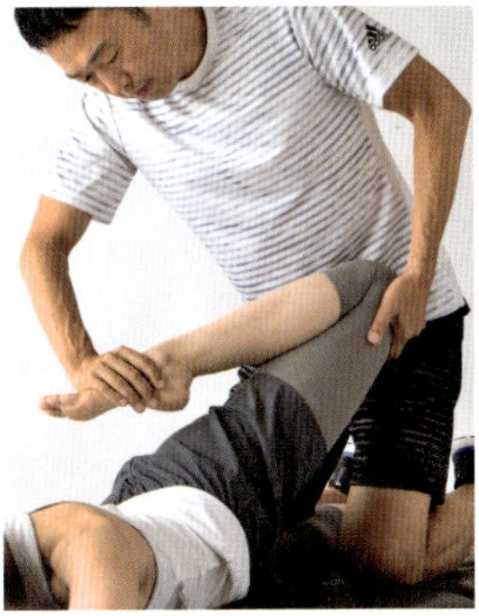

ひざが痛くてもできる!

この姿勢で30秒 左右

長座したら一方のひざを軽く曲げ、反対側の手を体の後ろについて上半身をやや後ろに倒す。ひざを曲げすぎると傷めるので、注意しよう

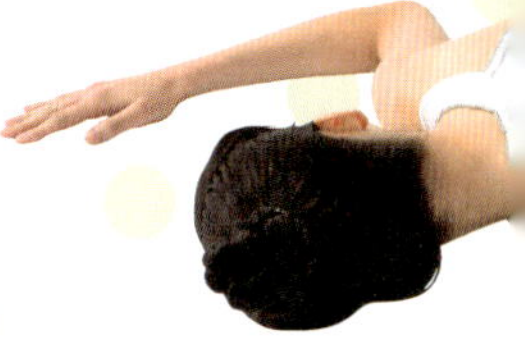

足をつかみ引き寄せる

曲げたほうの脚の足首を同じ側の手で持ち、息を吐きながら、かかとをお尻に引き寄せてキープ

3

この姿勢で30秒 左右

太もも裏側のストレッチ ①

target area

ハムストリングス

太もも裏側にあり、脚を後ろに蹴り出す動作で使う。①は一見、おなじみの前屈だが、伸ばしたひざをゆるめ、つま先を3方向に向けることで全体をくまなく伸ばせている。

ready

あぐらをかく

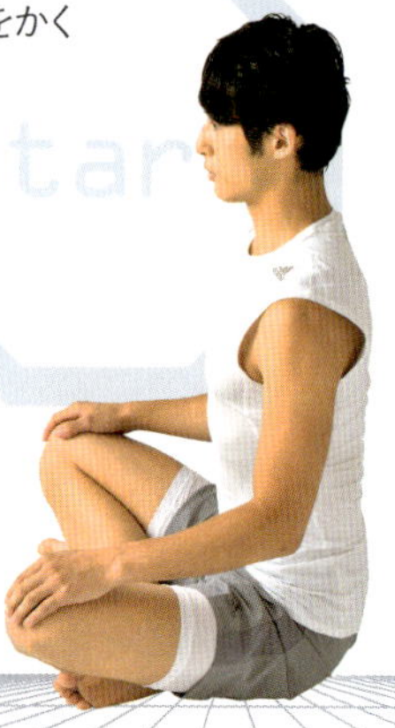

start

1

一方の脚を前に伸ばす

一方の脚を前に伸ばし、もう一方の足をひざ下に差し入れる

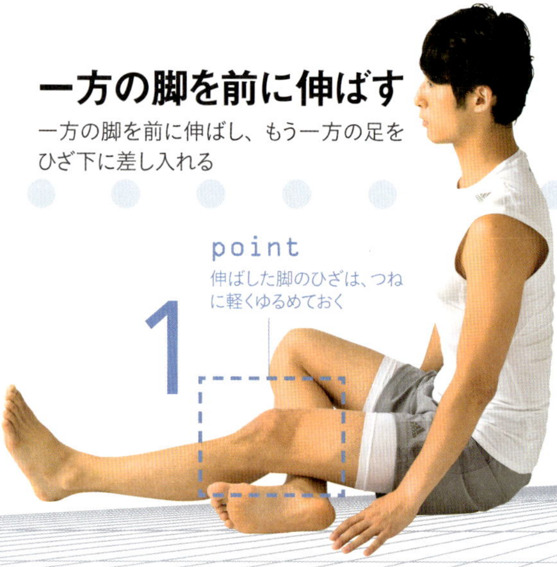

point

伸ばした脚のひざは、つねに軽くゆるめておく

一般的なストレッチ

床に座って前屈する

太もも裏側のストレッチ
Variation

NG

腰が残って背すじが丸まる

尾骨を床につけて、骨盤を立てて前屈しないとハムストリングスは伸びない

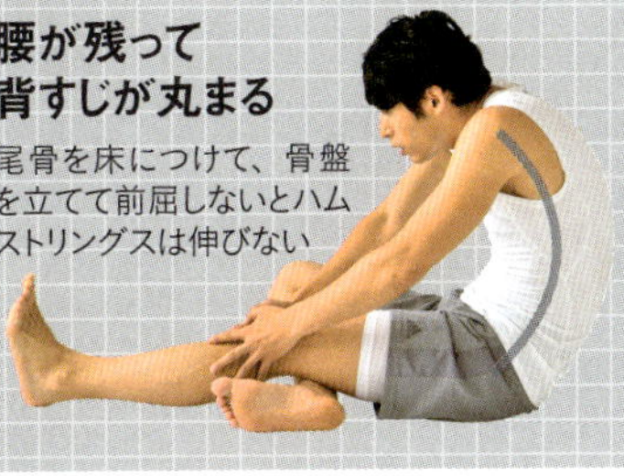

2

この姿勢で30秒 左右 3方向

つま先を3方向でキープ

息を吐きながら、おへそを太ももに近づける。伸ばした脚のつま先を天井に向けてキープ。つま先の方向を変えて3方向でストレッチを行う

正面から見ると

3方向に伸ばす

続けてつま先を内側に向けてキープし、ハムストリングスの内側を伸ばす

最後につま先を外側に向けてキープし、ハムストリングスの外側を伸ばす

太もも裏側のストレッチ❶ variation

ひざが痛くてもできる!

ready

イスに浅く腰掛ける

1 一方の脚を伸ばしかかとをつく

一方の脚を前に伸ばし、かかとを床につけてつま先を上げる。ひざは、つねに軽く曲げておく

easy 簡単ストレッチ

タオルを使い脚を引き寄せる

床にあお向けになり、ひざを立てる。タオルの両端を持ったら一方の足の裏にかけ、タオルを手前に引き寄せる。つま先を垂直にしてキープ

この姿勢で30秒 左右 3方向

正面から見ると

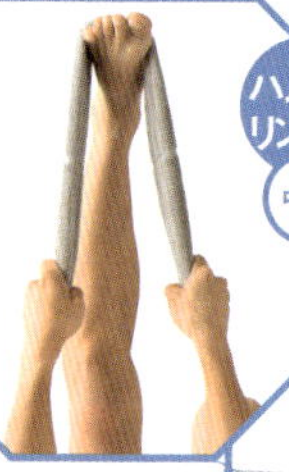

3方向に伸ばす

さらにつま先を内側、外側に向けて、それぞれキープする

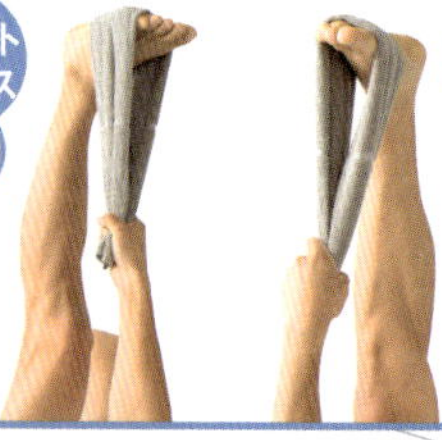

パートナーストレッチ
partners stretch

あお向けになってもらい、一方の太ももを押さえる。真上に伸ばしたもう一方の脚は、かかとを押しながら頭の方向へ倒す

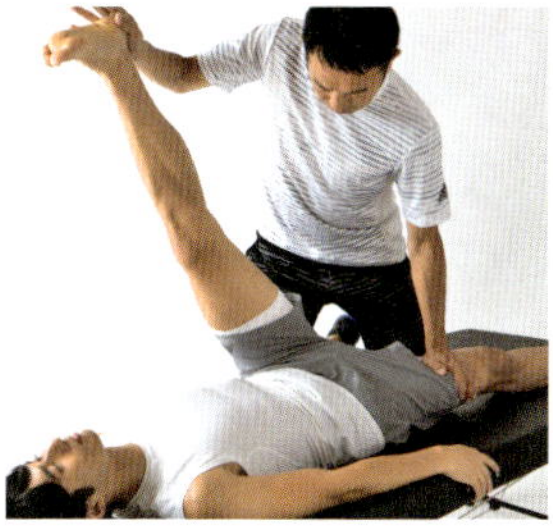

hard もっと伸びるストレッチ

つま先、かかとを開いてキープ

イスの前に立つ。息を吐きながら前屈し、座面に両手をつく。両足のかかとをつけてつま先を開く、つま先をつけてかかとを開く、それぞれの姿勢でキープ

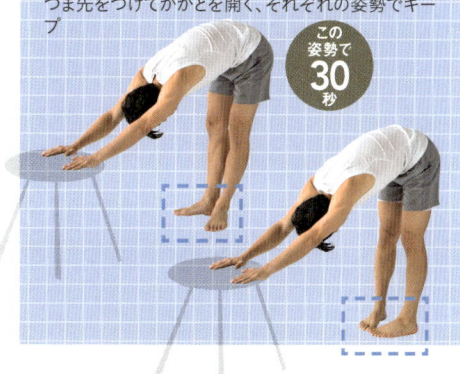

この姿勢で30秒

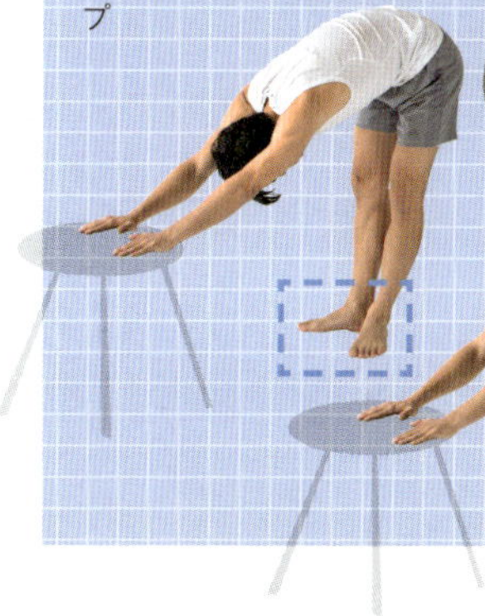

2

上体を前に倒す

息を吐きながら、おへそを太ももに近づける。両手で足をつかんでキープ。つま先の方向を変えて3方向でストレッチを行う

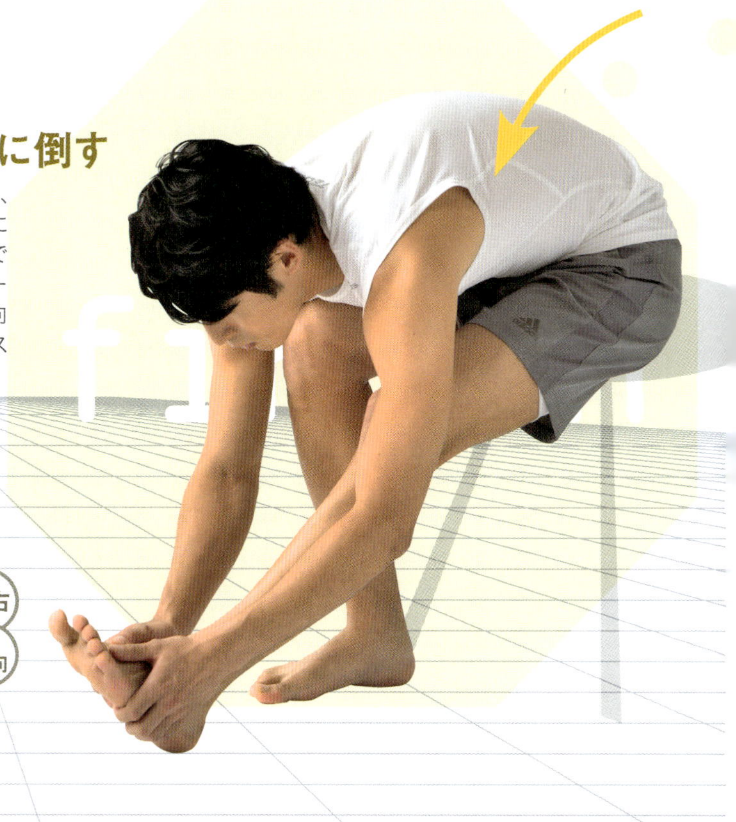

この姿勢で30秒 左右 3方向

target area

ハムストリングス

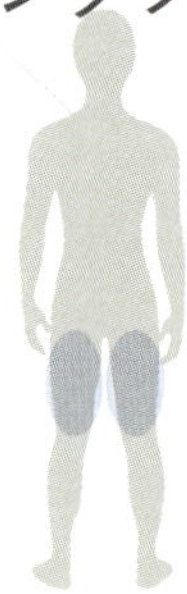

太もも裏側にあり、脚を後ろに蹴り出す動作で使う。②ではより角度をつけることで、おもに骨盤付着部を伸ばしている。①と同様、ひざを少しゆるめるとうまくいく。

太もも裏側のストレッチ ②

ready

前方にストレッチポールなど高さの出るものを置き、あぐらをかく

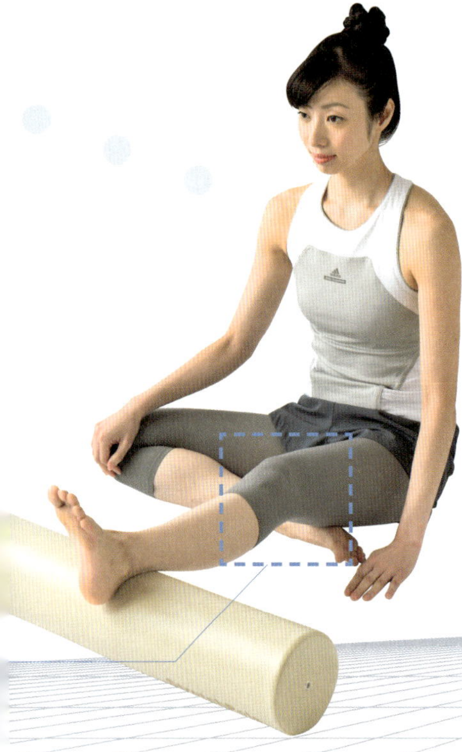

1 足をポールに乗せる

一方の脚を前に伸ばし、足首の裏側をポールに乗せる

一般的なストレッチ

床に座って前屈する

太もも裏側のストレッチ
Variation 2

point
ストレッチポールで高さを出すことで、脚のつけ根部分がよく伸びる

つま先を3方向に向けてキープ

息を吐きながら、おへそを太ももに近づけるように前屈。つま先を真上に向けて、キープ。つま先の向きを変えて3方向で行う

正面から見ると

3方向に伸ばす

つま先を内側に向けてキープし、ハムストリングスの内側を伸ばす

つま先を外側に向けてキープし、ハムストリングスの外側を伸ばす

ひざは軽くゆるめておく

ひざを完全に伸ばすと反射でハムストリングスが収縮する。ひざは、つねにゆるめておく

太もも裏側のストレッチ❷ variation

hard もっと伸びるストレッチ①

ready

イスに腰掛ける

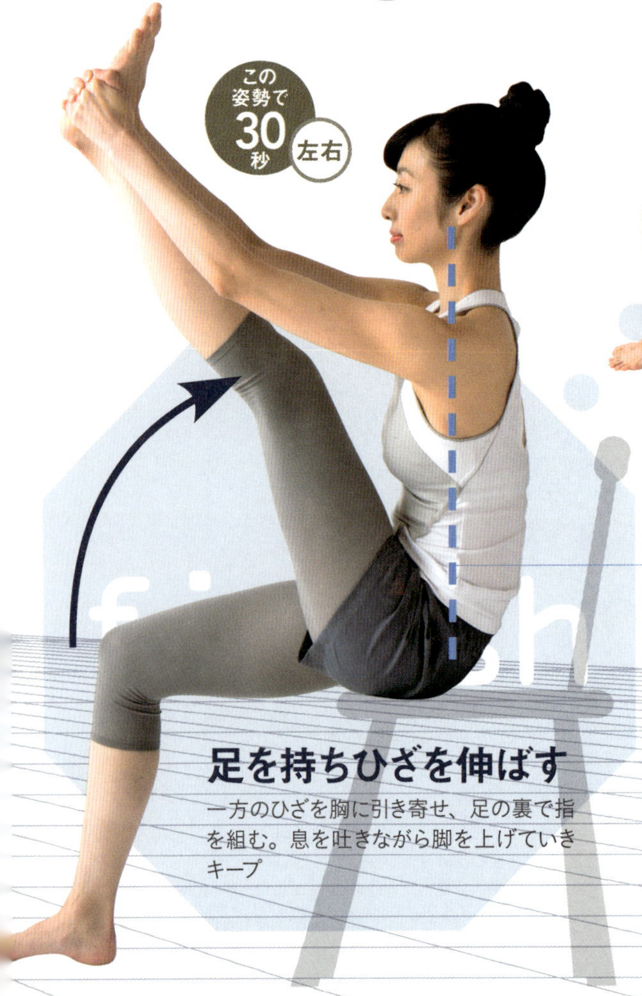

point

背すじは伸ばしたまま行う

足を持ちひざを伸ばす

一方のひざを胸に引き寄せ、足の裏で指を組む。息を吐きながら脚を上げていきキープ

hard もっと伸びるストレッチ②

ひざ立ちから脚を前後に開いて前屈

ひざ立ちから一方の脚を前に伸ばす。上体を前に倒して両手を床につき、息を吐きながらお尻を後ろに引いてキープ

ひざが痛くてもできる!

パートナーストレッチ

partners stretch

一方の脚を伸ばし、かかとをつかむ。体が後ろに倒れないよう支えながら、脚を手前に引き寄せる

ready

イスに浅く腰掛ける

1 一方の脚を外側に開く

一方の脚を外側に開き、かかとを床につけてつま先を上げる

この姿勢で30秒 左右

2 前屈し、つま先を持つ

伸ばした脚のつま先を同じ側の手で持ってキープ。股関節からうまく前屈できない人も、脚を斜め前に出せばうまくいく

太もも裏側のストレッチ ③

target area

ハムストリングス

太もも裏側にあり、脚を後ろに蹴り出す動作で使う。③はおなじみのポーズだが、3方向へのストレッチが特徴。正しい姿勢ができず、充分伸びていない人が多いので注意したい。

ready

足をそろえて立つ

1 一歩踏み出しかかとを床に

一方の足を前に出し、かかとを床につけてつま先を上げる

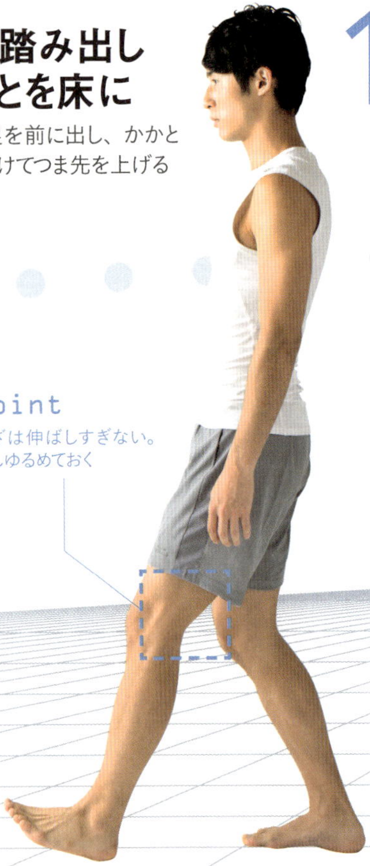

point

ひざは伸ばしすぎない。少しゆるめておく

一般的なストレッチ

一方の足のかかとを床につけ腰を落とす

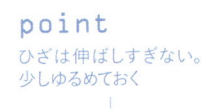

太もも裏側のストレッチ
Variation

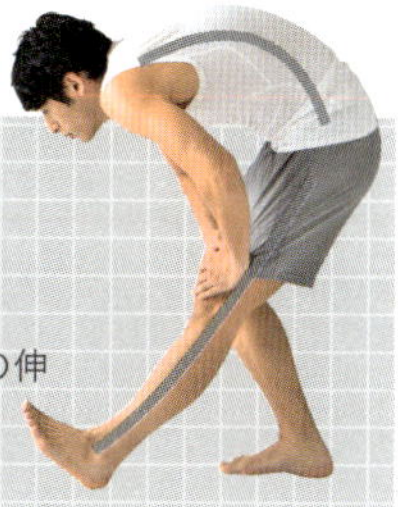

NG

背中が丸まると強すぎる伸びに

背中を丸めると筋肉の伸びが強くなりすぎて、気持ちよく伸びない

2

お尻を引いて腰を落とす

この姿勢で30秒 左右 3方向

前に出した脚の太ももに手を重ねる。息を吐きながら、背すじを伸ばしたまま腰を落としつつお尻を後ろに引く。つま先は正面上方に向けたまま、キープ。つま先の向きを変えながら、3方向でストレッチを行う

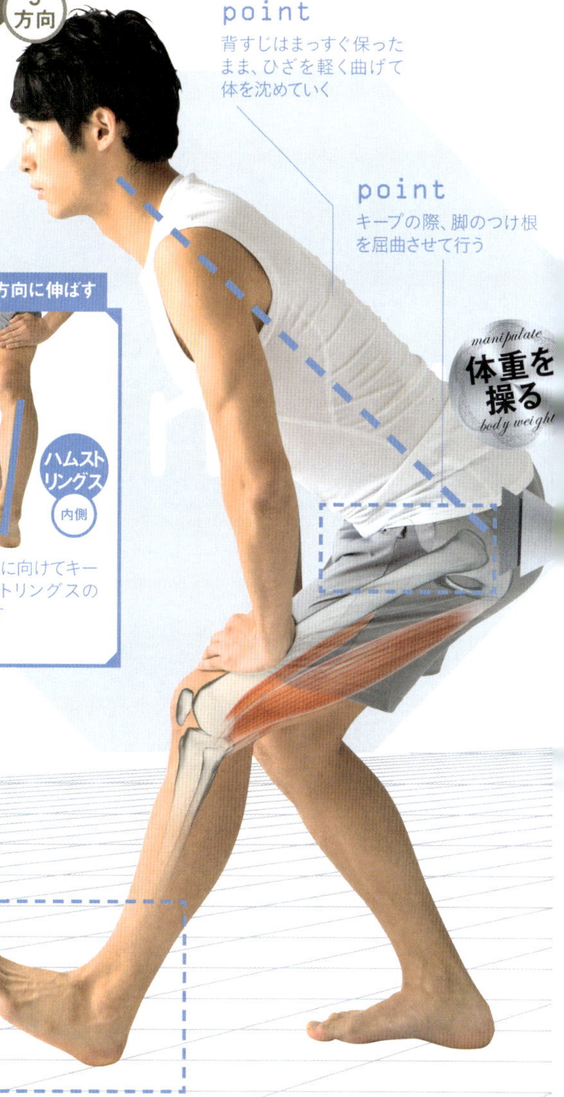

point
背すじはまっすぐ保ったまま、ひざを軽く曲げて体を沈めていく

point
キープの際、脚のつけ根を屈曲させて行う

manipulate 体重を操る body weight

3方向に伸ばす

ひねる twist

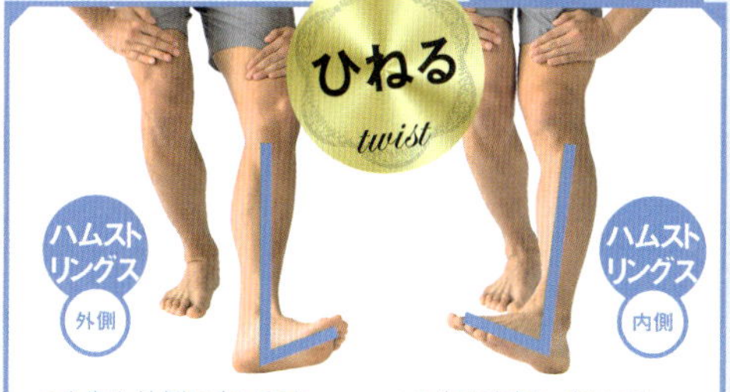

つま先を外側に向けてキープし、ハムストリングスの外側を伸ばす

つま先を内側に向けてキープし、ハムストリングスの内側を伸ばす

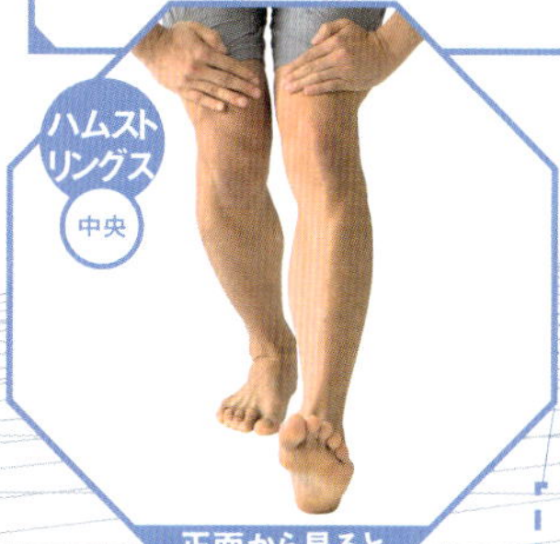

正面から見ると

太もも裏側のストレッチ③ variation

hard　もっと伸びるストレッチ①

1 クッションを置きあお向けになる

start

体の横にクッションを置き、あお向けになってひざを立てる

2 両脚を上げてクッションを入れる

両脚を上げ、腰の下にクッションを入れる

point
腰からお尻あたりにクッションを入れる

後ろから見ると

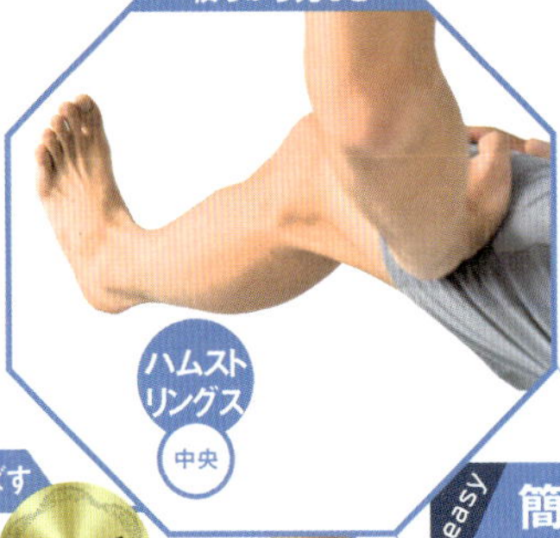

3方向に伸ばす

ひねる twist

【上】つま先を外側に向けてキープすると外側が伸びる
【下】つま先を内側に向けてキープすると内側が伸びる

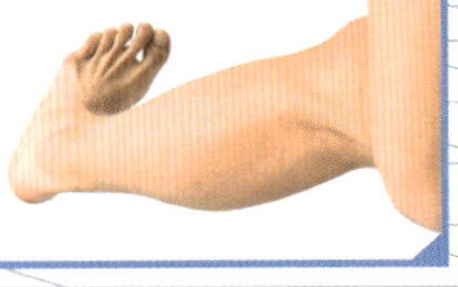

easy　簡単ストレッチ

この姿勢で30秒　左右　3方向

かかとをイスに乗せる

立ったまま、前に置いたイスの座面に一方のかかとを乗せる。つま先をまっすぐ、外側、内側と3方向に向けそれぞれキープ

3方向に伸ばす

つま先を持ち足を引き寄せる

両手でつま先を持ち、息を吐きながら引き寄せる。つま先をまっすぐ、外側、内側と3方向に向けて、それぞれキープ

3

この姿勢で30秒 3方向

3方向に伸ばす

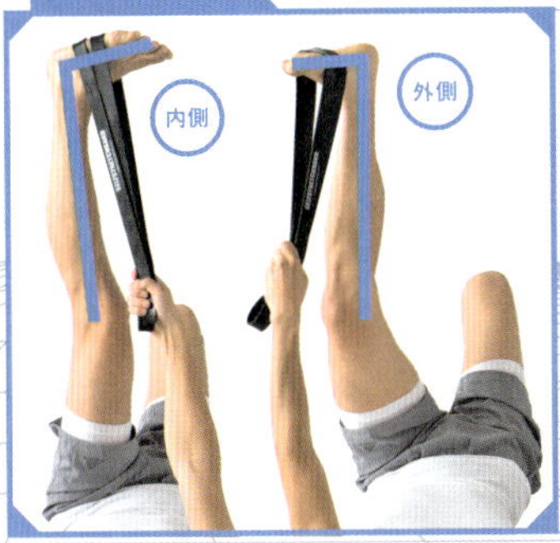

hard もっと伸びるストレッチ②

ストレッチバンドを足裏にかける

あお向けになり、一方の脚を引き寄せてストレッチバンドを足裏にかける。バンドの端を持ち手前に引っ張りながら、つま先をまっすぐ、内側、外側と3方向に向けてそれぞれキープ

この姿勢で30秒 左右 3方向

target area

内転筋群《ないてんきんぐん》

骨盤から太ももの内側にかけてつく筋群で、脚を閉じる、腰を回転させる動作で使われる。大内転筋は男性のほうが硬くなりやすく、ひざ痛の原因に。ひざを伸展して行い内転筋群全体を伸ばしていく。

太もも内側のストレッチ 1

ready

あぐらをかき、ストレッチポールなど高さの出るものを体の横に置く

1

脚を横に伸ばしポールに乗せる

ポール側の脚を伸ばして大きく開き、ポールにふくらはぎを乗せる

一般的なストレッチ

あぐらをかき、一方の脚を伸ばして大きく開く

太もも内側のストレッチ
Variation

point
上を向いていたつま先を前に倒すと、内転筋群がよく伸びる

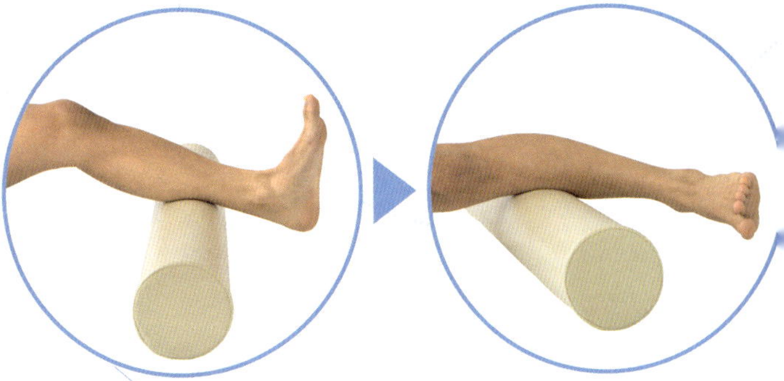

2

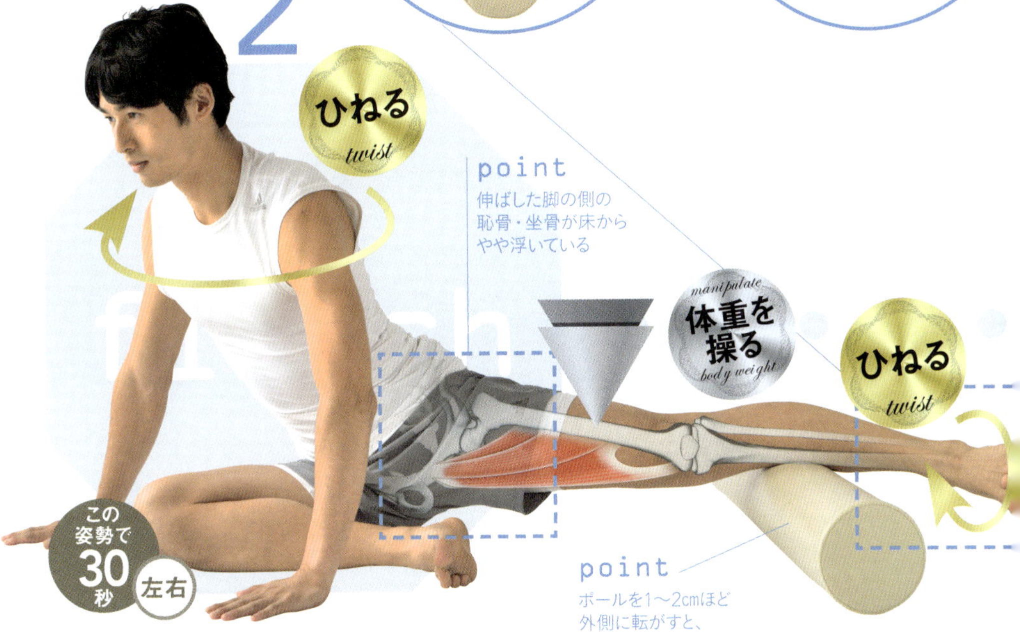

point
伸ばした脚の側の恥骨・坐骨が床からやや浮いている

point
ポールを1～2cmほど外側に転がすと、さらに伸びる

息を吐きながら上体をひねる

息を吐きながら、伸ばした脚とは逆方向に上半身をひねる。内ももを床に押しつけるようにすると、自然と股関節も回旋する。この体勢でキープ

NG

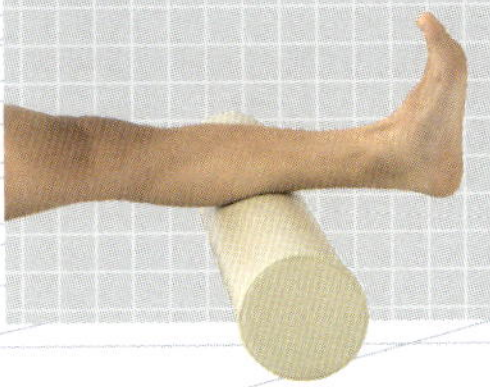

つま先とひざが上を向いたまま

ひざが上を向いたままでは、上半身をうまくひねれない

太もも内側のストレッチ❶ variation

ひざが痛くてもできる!

ready

イスに浅く腰掛ける

1

一方の脚を横に伸ばす

一方の脚を伸ばしつつ、股関節から外側に開く。かかとを床につけて、つま先を上げる

easy 簡単ストレッチ①

足をイスに乗せて伸ばす

イスの座面に足を乗せ、つま先を正面に向けてキープ

この姿勢で30秒 左右

hard もっと伸びるストレッチ

ストレッチバンドを使う

あお向けになり、一方の脚を引き寄せてストレッチバンドを足裏にかける。バンドの端を持ち、腕を引いて内転筋群を伸ばす

この姿勢で30秒 左右

パートナーストレッチ
partners stretch

あお向けになってもらい、一方の太ももを手で押さえ、もう一方の足を持ち、体の外側に向かって脚を伸ばす

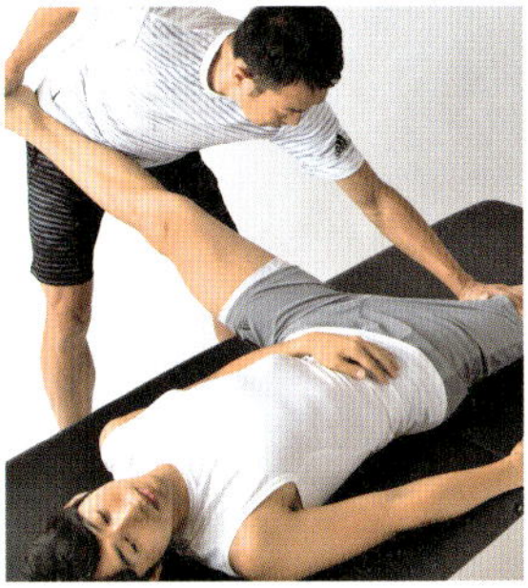

easy 簡単ストレッチ②

一方の脚を横へ伸ばす

四つんばいになり、一方の脚を横に伸ばす。体を沈めてキープ

この姿勢で30秒 左右

伸ばした脚の反対に上体をひねる

もう一方の太ももに手を重ね、伸ばした脚とは反対側に上体をひねる

股関節に体重をかける

息を吐きながら、ひねった上半身を前に倒しキープ。このとき伸ばした脚が自然に内側に回るのが正解

この姿勢で30秒 左右

太もも内側のストレッチ②

target area

内転筋群《ないてんきんぐん》

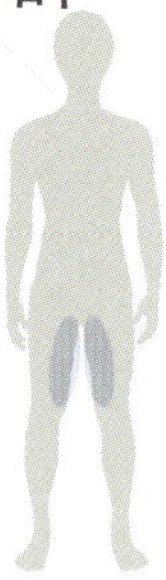

骨盤から太ももの内側にかけてつく筋群で、脚を閉じる、腰を回転させる動作で使われる。大内転筋は男性のほうが硬くなりやすく、ひざ痛の原因に。②のひざを曲げた体勢では恥骨に近い部分が伸びる。

1 壁の前で足裏を合わせて座る

壁を前にして足裏を合わせて座り、つま先を壁につける。お尻の後ろ半分にクッションを挟み、骨盤を立てる

point

背すじが丸まり、骨盤が後傾する人が多い。骨盤の下にクッションを入れると、骨盤を立てやすくなる

一般的なストレッチ

あぐらをかき、両足裏を合わせて前屈

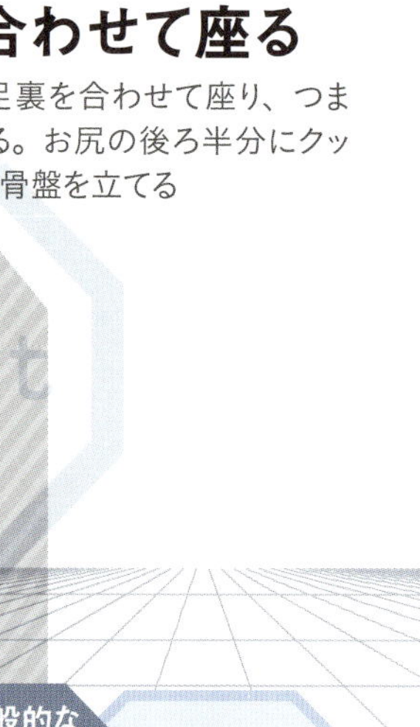

太もも内側のストレッチ
Variation

NG
腰が丸まり 骨盤が後傾

骨盤が後ろに倒れ、背すじも丸まってしまうと内転筋群は伸びない

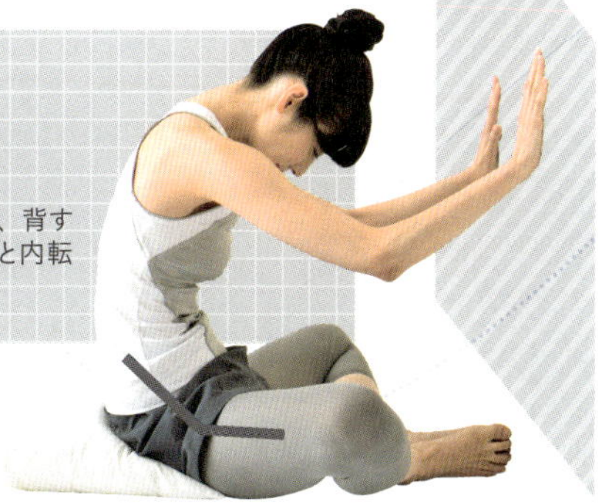

NG
ひざをバタバタ上下させる

よく見かけるが、反動をつけて動かすと筋肉が過剰に伸ばされるため傷めやすい

この姿勢で30秒

manipulate 体重を操る body weight

2
両手を壁につき 上体を前に倒す

両手を壁につき、息を吐きながら腰から前に倒して、キープ

太もも内側のストレッチ❷ variation

ready

ベッドの端で、あお向けになる

ひざが痛くてもできる!

股関節を開いていく 1

ベッドの外側に近いほうのひざを曲げ、股関節を開いていく

あお向けになり足の裏を合わせる

あお向けになる。足裏を合わせたらクッションを下に入れ高さを出してキープ

腰が痛くてもできる!

この姿勢で30秒

パートナーストレッチ
partners stretch

あお向けになってもらい、足裏を合わせて太ももに乗せる。ひざの内側に手をつき、両ひざをゆっくり外側に軽く押す

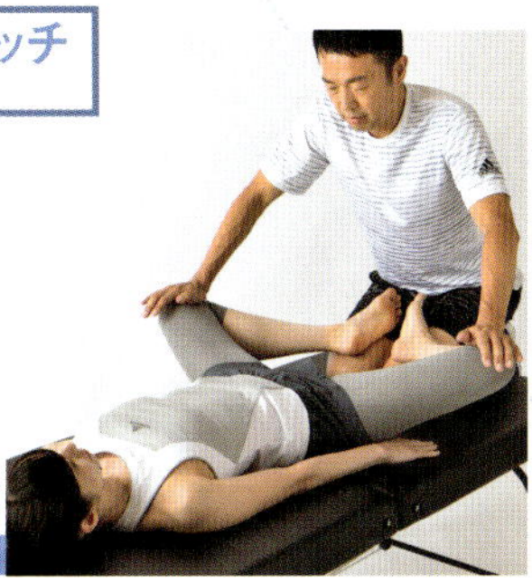

easy 簡単ストレッチ

四つんばいで、ひざを開く

四つんばいになる。床についた両ひざを左右交互に開いていき、適度な伸び感が得られたら、やや体重をかけてキープ

2 ひざをベッドの端から下ろす

曲げた脚に手を添える。ひざをベッドの端から下ろし、手と脚の重みを感じながらキープ

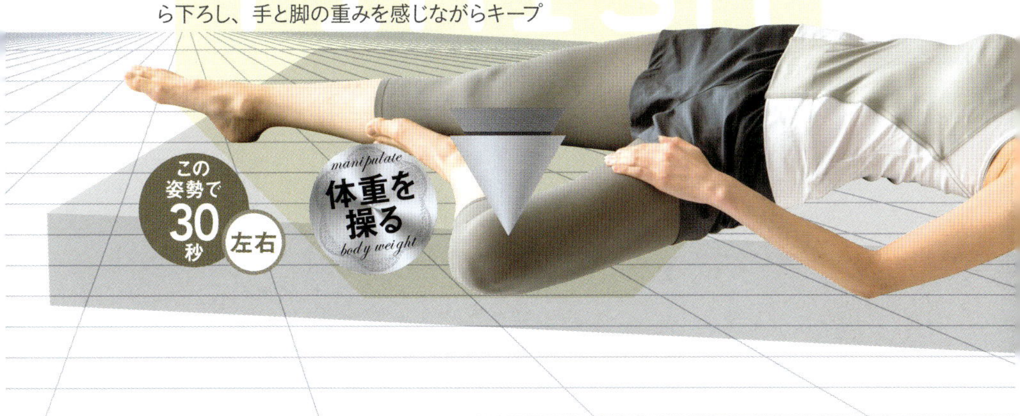

target area

大腿筋膜張筋《だいたいきんまくちょうきん》

大腿部の外側にあり、股関節やひざの安定、足を前に出す動きに関わる。脚の外側ばかりに加重がかかると疲労で硬くなり、ケアを怠るとランナーに多い腸脛靭帯炎になりやすい。

太もも外側のストレッチ

ready

イスを横に置いて立つ

1 一方の手をイスの座面に

ひざを曲げてかがみ、イス側の手を座面につく

一般的なストレッチ

横向きに寝る。上体を起こし、ひざを立てる

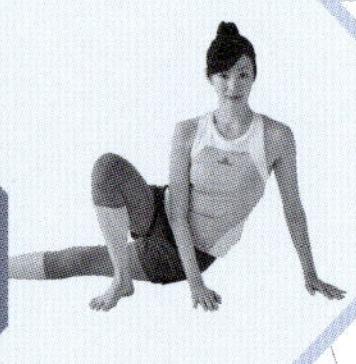

太もも外側のストレッチ
Variation

manipulate 体重を操る body weight

3

腰を深く沈め上体を起こす

息を吐きながら、さらにひざを曲げて腰を深く沈める。上体を起こしてキープ

この姿勢で30秒 左右

easy **簡単ストレッチ**

イスに両手をつき腰を深く沈める

片手では安定しない場合、イスを近づけて両手を座面につこう

この姿勢で30秒 左右

NG

脚の前後幅が広がる

横から見たときに、前後の脚の幅は狭いほうがうまく伸びる

横から見ると

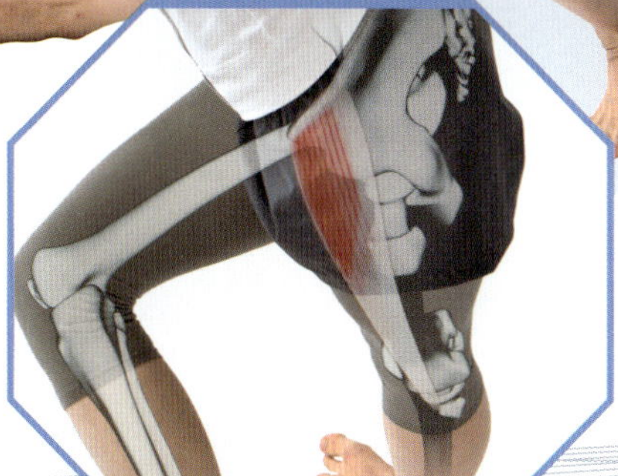

2

一方の脚を反対側へ伸ばす

イス側の脚を、もう一方の脚の後ろを通して体の反対側へ伸ばす

太もも外側のストレッチ variation

ひざや肩が痛くてもできる!

ready

ベッドなど高さのあるものの端に横向きに寝る

1 両ひざを曲げる

体が動いてもグラつかないように、両ひざを曲げてベッドに手をつく

hard もっと伸びるストレッチ①

両手を壁につき脚を交差させる

壁の横に立ち、壁側の手のひらを壁につく。もう一方の手も頭の上から壁につける。壁から遠いほうの脚を、もう一方の脚の後ろを通して壁のほうに伸ばしていく。壁から遠い側の脚や体側に伸びを感じたらキープ

この姿勢で30秒 左右

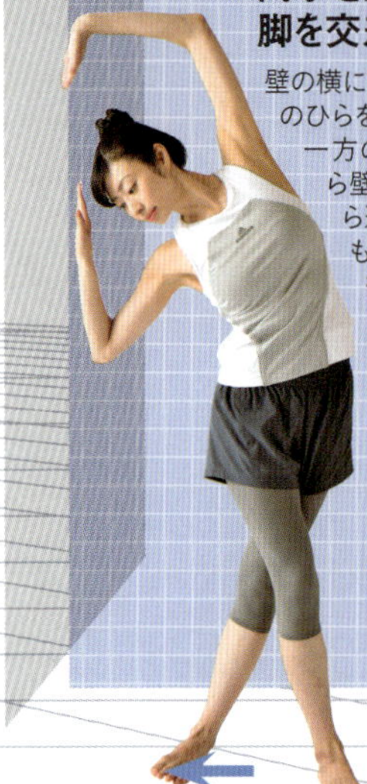

パートナーストレッチ
partners stretch

あお向けになってもらい、伸ばした脚をもう一方の足でまたがせて、ひざを立てる。伸ばした脚を内側に押す

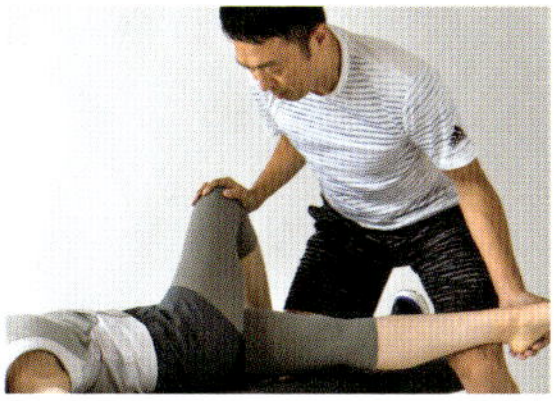

easy 簡単ストレッチ

全身を弓なりに曲げる

うつ伏せになり一方の手は頭上に伸ばし、もう一方はあごの下に。伸ばした腕の側を弓なりに曲げてキープ

この姿勢で30秒 左右

上になっている脚をベッドから下ろす

上になっている脚を後ろに伸ばし、ひざ下をベッドの端から下ろす。脚の重みを感じながらキープ

2

この姿勢で30秒 左右

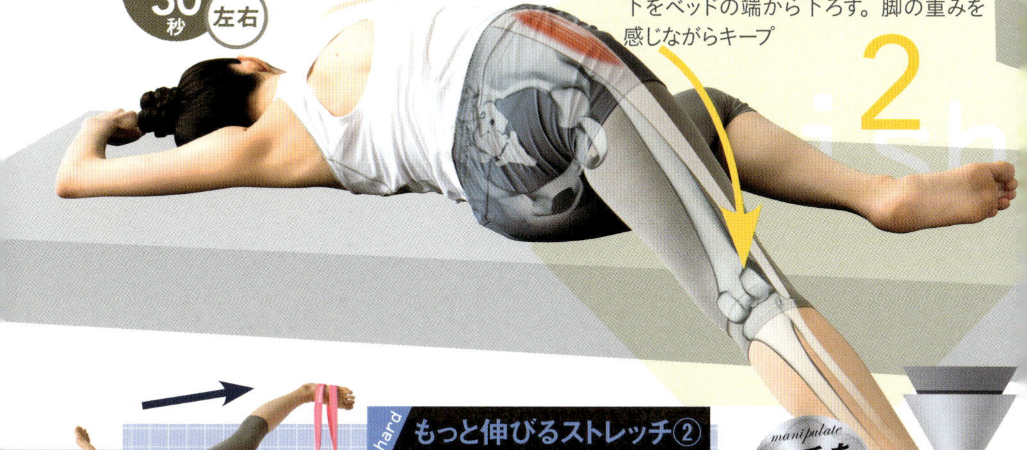

manipulate 体重を操る body weight

hard もっと伸びるストレッチ②

バンドを使い脚を逆側へ伸ばす

あお向けになり一方の脚の足裏にストレッチバンドをかける。脚を伸ばしながら倒しバンドを引っ張る

この姿勢で30秒 左右

Column 4

運動前のストレッチ、後のストレッチ

本書に数多く紹介した静的ストレッチを運動前に入念に行うのは、あまりおすすめできません。ウォーミングアップには動的ストレッチ（P167～）やウォーキング、ジョギングが適しています。

その理由は、筋肉を傷つけずにパフォーマンスの質を上げるから。安静時には約15％の血液しか筋肉に供給されていませんが、運動時にはたくさんの筋肉を稼働させるために多量の血液が必要になります。だから血液循環を促す動的ストレッチを行い、筋肉にどんどん栄養素や酸素を供給することで筋肉・関節の動きだけでなく心肺機能の準備も整い、パフォーマンスが上がるのです。

運動を終えてからは、動くことを繰り返して収縮した筋肉をほぐす静的ストレッチの出番です。よく動かした部位を中心にほぐします。トレーニング後のストレッチが筋細胞の自己修復を助けるという研究結果もあり、これは「トレーニング後にストレッチをするアスリートはケガが少ない」と言われる理由のひとつです。

ただしフルマラソンや高強度のトレーニングなど、体にかなり負担のかかる運動をした直後は、すぐに静的ストレッチを行わないこと。筋肉の線維が過剰に切れるほどの大きなダメージを受けているはずなので、無理に伸ばすとダメージが広がって疲労回復が遅れる原因になります。高強度の運動後はアイシングし、まずは炎症や痛みを抑えるべきです。1～2日後、炎症や痛みが引いていたらストレッチを再開しましょう。

chapter 7

世界一伸びるストレッチ

ふくらはぎ・すね・足裏

ふくらはぎ・すね・足裏 のストレッチ

酷使される細かい筋肉群。
伸ばしておくと慢性疲労やむくみに効く

体重を支える下肢は、
知らず知らず酷使されて硬くなりやすい。
よく歩いたり走ったりした日は、
ぜひ伸ばしたい。

体全体から見ると小さな筋肉群ですが、下肢は全体重を支える縁の下の力持ち。常時かなりのテンションがかかっているため、ストレッチでのマメなケアは欠かせません。

多くの人が張りや疲れを感じるのが、ふくらはぎです。特に女性はむくみやすいため、気にしている人も多いでしょう。ですが「伸ばしてもスッキリしない、疲れがとれない」という声を多く耳にする部位でもあります。その原因のひとつに、ふくらはぎを構成する腓腹筋とヒラメ筋をまとめて伸ばしているため、どちらも中途半端にしか伸びないことが考えられます。本書ではそれぞれが最も伸びる方法を紹介します。

すねの前脛骨筋は硬くなるとつま先が上がりにくくなり、つまずきや転倒の原因に。ふくらはぎが硬いとよけいにこの筋肉が緊張し、疲労が溜まりやすい特徴もあります。特にランニングやウォーキングが趣味の人、筋力の弱い高齢者は、ぜひ腓腹筋、ヒラメ筋、前脛骨筋をしっかりほぐしてください。

足底筋群はよく歩く人や走る人、土踏まずの位置が高いハイアーチの人はもちろん、ハイヒールや小さめの靴、足指で引っかけるミュールやサンダルを履く人は特に硬くなりがちです。指が山のようにくの字に曲がるハンマートゥ、外反母趾の予防や痛み緩和に役立つので、ストレッチを習慣づけましょう。

target
前脛骨筋《ぜんけいこつきん》
target
腓《ひ》腹筋《ふくきん》
ヒラメ筋《きん》
target
足底筋群《そくていきんぐん》

target area

腓《ひ》腹《ふく》筋《きん》

ふくらはぎの浅層部の筋肉で、ひざを曲げたり脚を後ろに蹴り出したりするときに使う。ひざをいかに伸ばすかと、外側、内側と2つに分かれた筋肉をどう伸ばすかがカギ。

ふくらはぎのストレッチ 1

ready

壁を前にして立つ

1

一方の足を後ろに引く

つま先を正面に向けたまま、一方の足を大きく後ろに引く

一般的なストレッチ

足を大きく前後に開き、前の足に体重をかける

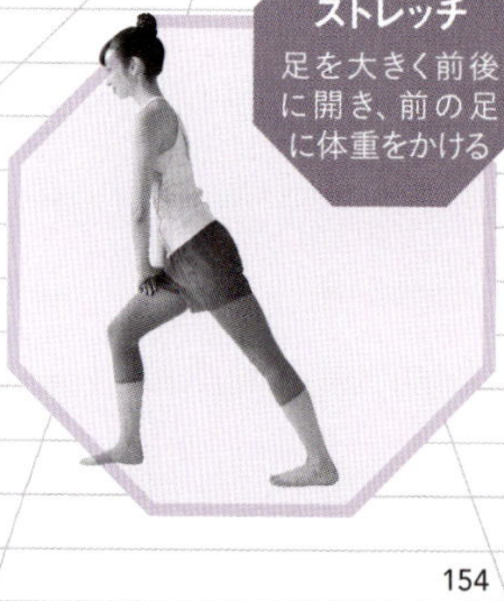

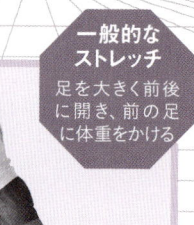

ふくらはぎのストレッチ
Variation

NG

かかとが浮く。腰が引ける

ひざが曲がる、後ろ足のかかとが浮く、または腰が引けている。いずれかひとつでも当てはまると腓腹筋は伸びない

2

かかとを床につけてキープ

壁に手をつき、後ろの足のかかとをしっかり床につける。体をやや前傾させ、壁を押すようにしてキープ。つま先の向きを変えて3方向で行う

point

ひざをしっかり伸ばすことで、ふくらはぎの強い伸び感を得やすくなる

後ろから見ると

3方向に伸ばす

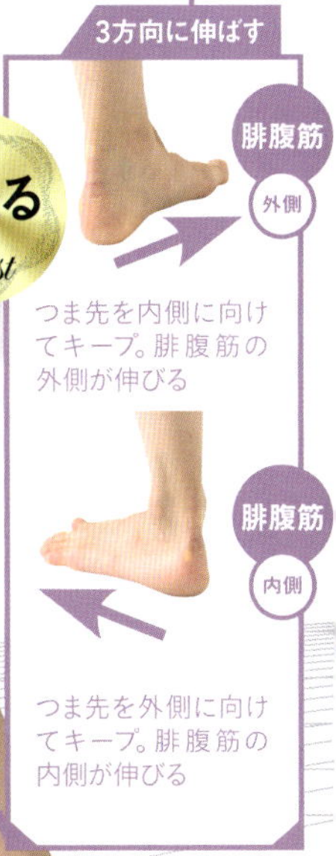

つま先を内側に向けてキープ。腓腹筋の外側が伸びる

つま先を外側に向けてキープ。腓腹筋の内側が伸びる

ふくらはぎのストレッチ❶ variation

hard もっと伸びるストレッチ①

ready

床にひざ立ちする

1

両手を床につき前に進める

両手を床につき、腰を高く上げる。手を少しずつ前に進めて、脚の裏側全体に伸びを感じるまで、前進

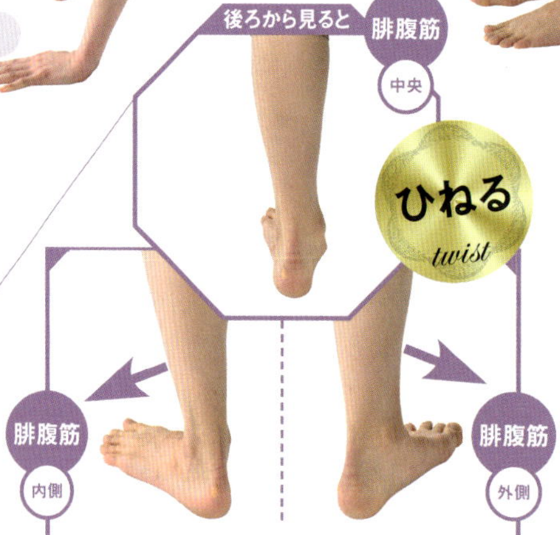

【左】つま先を外側に向けてキープ。腓腹筋の内側を伸ばす
【右】つま先を内側に向けてキープ。腓腹筋の外側を伸ばす

easy 簡単ストレッチ

この姿勢で30秒 左右

つま先を上げてキープ

立ち姿勢で辞書や電話帳などに一方の指を乗せる。かかとは床につけて、キープ

close up

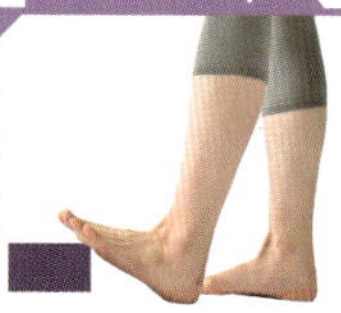

point

つま先を上げたとき、ひざの裏側もしっかりと伸ばす

パートナーストレッチ

partners stretch

あお向けになってもらい、一方の脚のかかとを持ち、ひざを伸ばしたまま斜め上に上げる。そのまま足首を深く曲げてキープ

close up

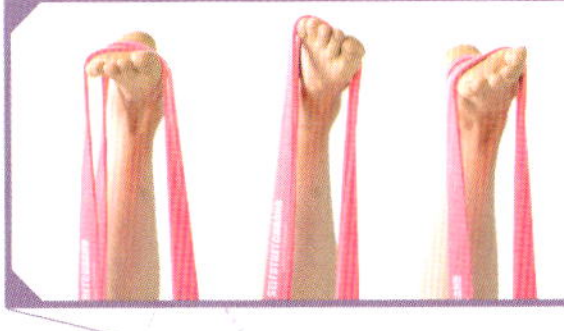

point

足裏を床と平行にしてキープ後、バンドで左右に傾け、それぞれでキープ

バンドを使い足裏を3方向に

あお向けになり両ひざを立てて、一方の足裏にストレッチバンドをかける。そのままひざを伸ばしたらバンドを手前に引き、3方向でキープ

hard もっと伸びるストレッチ②

床についたつま先を3方向に向けて伸ばす

一方の脚を上げ床についたほうの脚はひざを伸ばし、指先を正面に向けて、キープ。つま先の向きを変えて3方向で行う

2

target area

ヒラメ筋

ふくらはぎにあり、腓腹筋に覆われた筋肉。足首を伸ばす動きに関与する。足首の屈曲の角度を鋭角にすることで、強い伸び感が得られる。

ふくらはぎのストレッチ 2

ready

正座する

1.

一方のひざを立てる

一方のひざを立てる。腰が引けて背すじが丸まらないように気をつけて、足の裏をしっかり床につける

一般的なストレッチ

足を軽く前後に開き、両ひざを軽く曲げる

ふくらはぎのストレッチ
Variation

NG

かかとが浮く

かかとが上がってしまうとヒラメ筋は伸びない

2 前屈し太ももを押す

息を吐きながら、上体を前に倒す。胸で太ももを押しながらキープ。両手は体の前につく

manipulate
体重を操る
body weight

この姿勢で30秒
左右

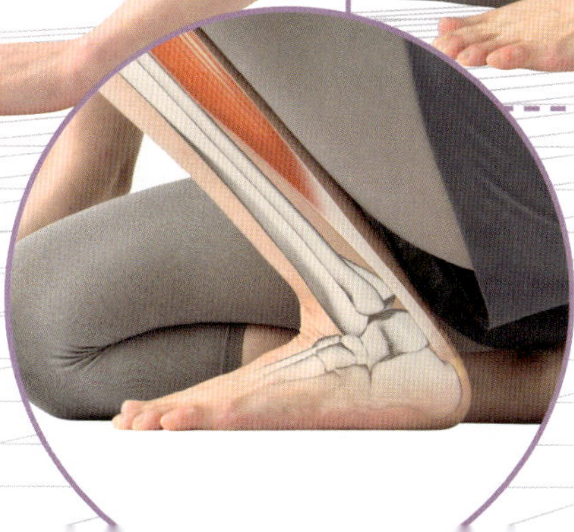

point

かかとまでしっかり床につけることでより強い伸び感が得られる

ふくらはぎのストレッチ❷ variation

hard もっと伸びるストレッチ

ready

イスを前に置いて立つ

1 一方の足の指をイスの座面にかける

一方の足の指を座面の端に乗せる。両手で背もたれを持ち、姿勢を安定させる

point

足指から足指のつけ根あたりを座面の端に乗せる

easy 簡単ストレッチ

この姿勢で30秒 左右 3方向

ひざを曲げずに行う

体が硬い人は左ページの2のようにひざを曲げなくても、座面に乗せたほうの足に軽く体重をかけるだけで充分に伸ばせる。つま先を3方向に向け、それぞれキープ

パートナーストレッチ
partners stretch

うつ伏せになってもらい、かかとをしっかりつかみ、ひじで足裏を押して足首を曲げる

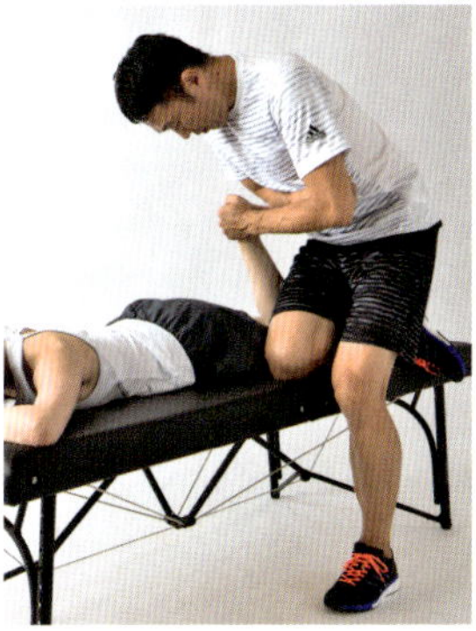

ひざや腰が痛くてもできる!

この姿勢で30秒 左右 3方向

辞書や電話帳などに一方の足の指を乗せる。両ひざを曲げて下の2と同様、3方向でキープ

2 ひざを曲げてかかとを下げる

息を吐きながら、イスに乗せた足に体重がかかるようにひざを曲げる。つま先を3方向に向けて、それぞれキープ

manipulate 体重を操る body weight

この姿勢で30秒 左右 3方向

斜め後ろから見ると

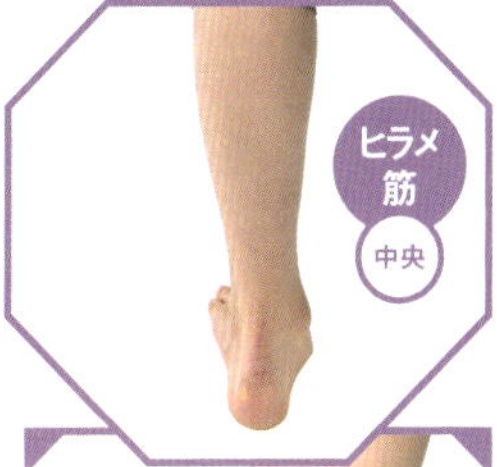

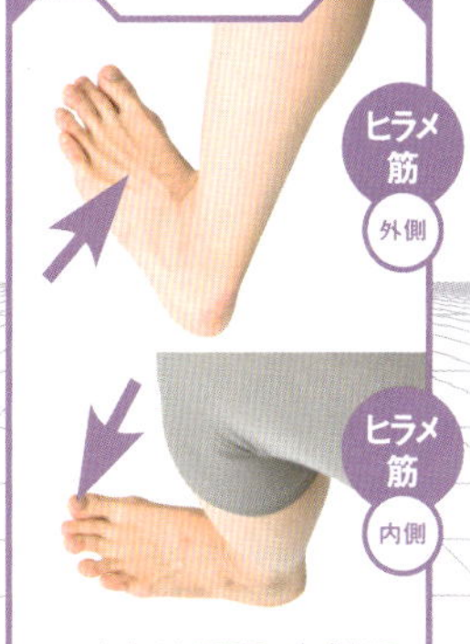

つま先は正面、内側45度、外側45度と3方向で、それぞれキープ。ヒラメ筋全体をストレッチできる

3方向に伸ばす

すねのストレッチ

target area

前脛骨筋《ぜんけいこつきん》

すねにある筋肉。足を前に出すときやつま先を上げるときに使い、特にランナーは硬くなると障害のリスクが高まる。腓腹筋、ヒラメ筋とともに、こまめに伸ばしたい。

ready

ストレッチポールなど高さの出るものを前に置き、正座する

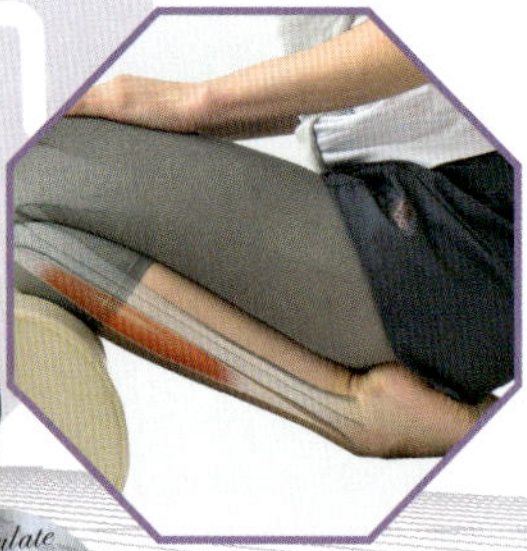

point

足の甲を床につけて足首からしっかり伸ばすと、より深い伸び感が得られる

上体を前傾させ すねを伸ばす

両脚のすねをストレッチポールに乗せ、上体を前傾させてキープ。ポールの代わりに折りたたんだ座布団などを利用してもOK

一般的なストレッチ

一方の足の甲を床につけ足首を伸ばす

easy 簡単ストレッチ①

ひざを持ち上げ足の甲を伸ばす

正座し、一方の手で同じ側のひざを持ち上げる。足首が伸びたところでキープ

この姿勢で30秒 左右

イスに浅く腰掛けて、一方の足をやや後ろに引きながら、足の甲を床につける。足首をしっかり伸ばして、キープ

この姿勢で30秒 左右

ひざが痛くてもできる!

パートナーストレッチ partners stretch

体を後ろで支えながら、正座したひざに手を回して持ち上げる

easy 簡単ストレッチ②

この姿勢で30秒

低めで行う

足首の硬い人はクッションなどを利用し、すねを乗せる高さを低くして行う

足裏のストレッチ

target area
足底筋群《そくていきんぐん》

足裏にあり足が接地するときに使う筋肉群。見逃しがちだが、靴の影響を受けやすいのでマメにほぐしたい。また、よく歩く人やランナー、ハイアーチの人もストレッチは必須。

manipulate
体重を操る
body weight

曲げたつま先に体重をかける

両足の指の腹を床につける。かかとに乗せたお尻に体重をかけて、かかとの向きを3方向に変えて、それぞれでキープ

この姿勢で30秒
3方向

ready
正座する

point
足の指がしっかり曲がると、裏側全体の伸び感を充分に得られる

後ろから見ると

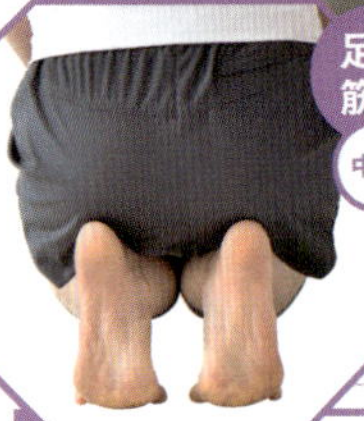

ひねる
twist

3方向に伸ばす

両方のかかとを真上、外側、内側と3方向に向けてそれぞれのポジションでキープ。足裏全体を伸ばせる

一般的なストレッチ
一方の足の指を床に押しつける

イスに腰掛け、一方の足を少し後ろへ引いたらかかとを上げる。足指を床にしっかり押しつけてキープ

easy 簡単ストレッチ

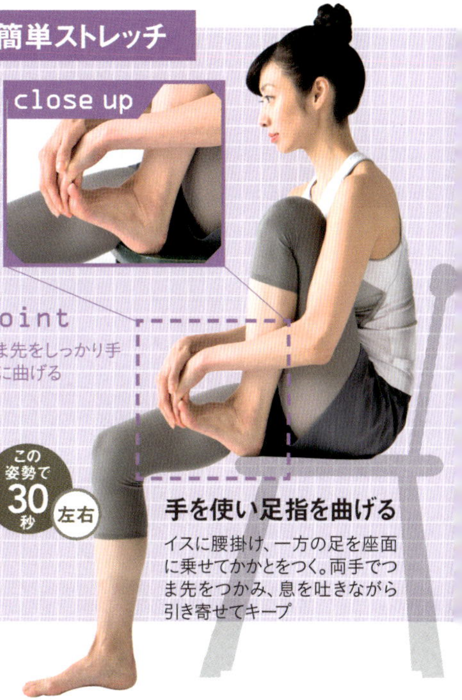

point
つま先をしっかり手前に曲げる

手を使い足指を曲げる

イスに腰掛け、一方の足を座面に乗せてかかとをつく。両手でつま先をつかみ、息を吐きながら引き寄せてキープ

パートナーストレッチ

partners stretch

一方の手でかかとを持って固定したら、もう一方の手でつま先を押し曲げる

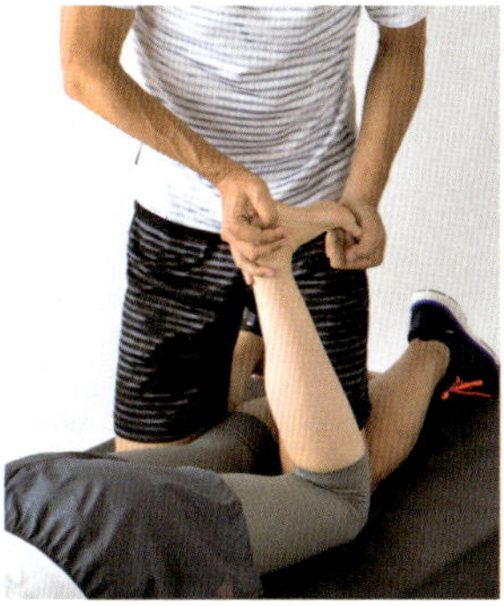

hard もっと伸びるストレッチ

片足ずつ3方向に伸ばす

右ページのストレッチから一方の脚のひざを立てて、3方向でキープ。片足に体重がかかるぶん、より強く伸びる

Column 5

ヨガとストレッチの違い

よく「ヨガとストレッチならどちらがいいですか？」と、2つを同列にする方がいます。ストレッチは体のコンディションを整える方法でヨガはボディワーク。この2つは似て非なるものです。

ストレッチと違い、ヨガには過度な柔軟性を要求されたりケガの危険性があったりと、西洋医学の視点では「やってはいけない」「充分な注意が必要とされる」ポーズもあります。たとえば頭頂部で全身を支える「うさぎのポーズ」や「頭立ちのポーズ」などは脊柱への負担が大きく、一歩間違えると首や背中を傷めます。

だからといってストレッチを全肯定し、ヨガを全否定するわけではありません。「ヨガ行者は意志によって体や心をコントロールし、人間の行動を明らかに律する」（Ramacharaka,1960）という専門家の言葉もあるように、ヨガは精神修行。目指す境地に到達するために、集中力を必要とする難しいポーズを繰り返すからです。

私の経験上、ヨガで体を傷めた人の大多数は、柔軟性が足りないのに無理をしたことに原因があります。特に鏡があると、まわりの人よりも自分ができていないことがすぐわかるので、劣等感や疎外感を抱いて頑張りすぎるようです。伸ばした部位がプルプル震えたら、ゆるめる。筋紡錘《きんぼうすい》（P28参照）が「縮みなさい！」と命令しているかぎり筋肉は伸びないし、傷める危険性も高まります。ヨガの目的は柔軟性の競争ではありません。体と相談しながら、ケガのないよう楽しく続けましょう。

chapter 8

世界一伸びるストレッチ

動的ストレッチ

動的ストレッチは筋肉に血液を送り込み筋温を上げて「動ける体」にする

ウォーミングアップは、ケガや障害のリスクを遠ざけて筋肉や関節の動きをよくするためのもの。それに最適なのが、目的の部位を大きく動かして血流をアップさせる動的ストレッチです。

動的ストレッチをすると、安静時は全体量の約15％しか供給されない筋肉への血流がどんどん増え、血液に含まれる酸素やエネルギー源となる栄養素も大量に届くようになります。だから「動ける体」になるのです。ここでは全身の動きをよくする8種目を紹介。運動前はもちろん起床時や仕事の合間にもおすすめで、眠気や疲労の解消にも有効です。

スポーツ別

動的ストレッチメニューリスト

ウォーミングアップのメニューは、各スポーツでみられる特徴的な関節の動作に応じて選びます。以下、本書で紹介するおすすめのメニューを当てはめたので、参考にしてください。

トラック競技、ランニング、トレイルラン
①③④⑤⑥⑦⑧

自転車
③④⑤⑥⑦⑧

登山、ウォーキング
①③④⑥⑦⑧

ゴルフ、テニス、卓球
①②③④⑤⑥⑦⑧

野球
①②③④⑥⑦⑧

サッカー
①④⑤⑥⑦⑧

バスケットボール
①④⑤⑥⑦⑧

ラグビー
①②③④⑤⑥⑦⑧

水泳
①②③④⑤⑥⑦⑧

柔道
①②③④⑤⑥⑦⑧

剣道
①②③④⑦⑧

動的ストレッチ① 肩関節～肩甲骨まわり①

外回し 20回
内回し 10回

1

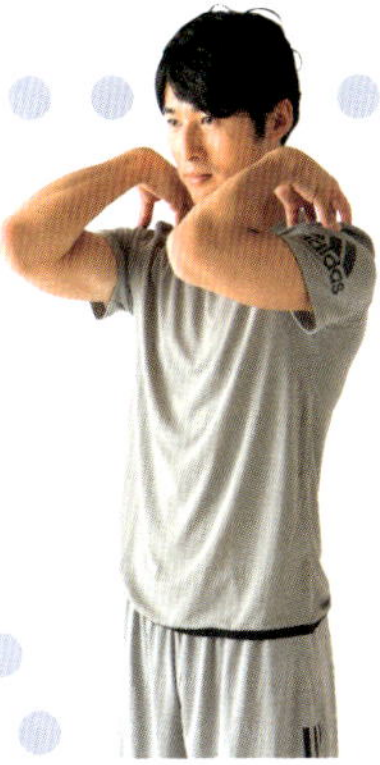

指を肩につけ ひじを正面に

左右の手の指先を、それぞれ同じ側の肩につく。ひじを正面に向ける

2

point
肩に痛みの出ない高さで行う

真上に ひじを上げる

できるだけ指を肩につけたまま、ひじを真上に上げる

3

肩甲骨を寄せ ひじを真横に 向ける

4

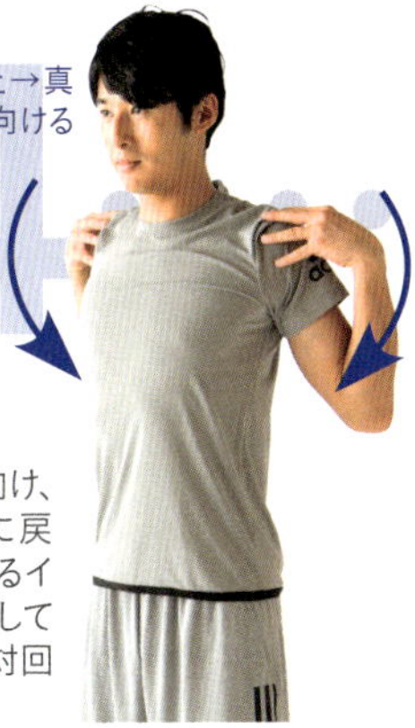

point
ひじを正面→真上→真横→下としっかり向けることで肩甲骨が動く

下へ回し 再び正面へ

ひじを真横から下に向け、再び1のように正面に戻す。ひじを外回しにするイメージで1~4を連続してリズミカルに行う。反対回しも同様に

easy **簡単ストレッチ**

指先を肩につけずに行う

肩に指がつかない人やひじを回しにくい人は、手のひらを上に向けて行うとラク

動的ストレッチ② 肩関節〜肩甲骨まわり②

20回 左右

1 四つんばいになる

手は肩の下、ひざは腰の下につき、一方の手の下にヨガブロック（または電話帳や辞書など厚みのある本）を置く

2 一方の腕を前に伸ばす

床についたほうの手を、斜め前方にまっすぐ伸ばす

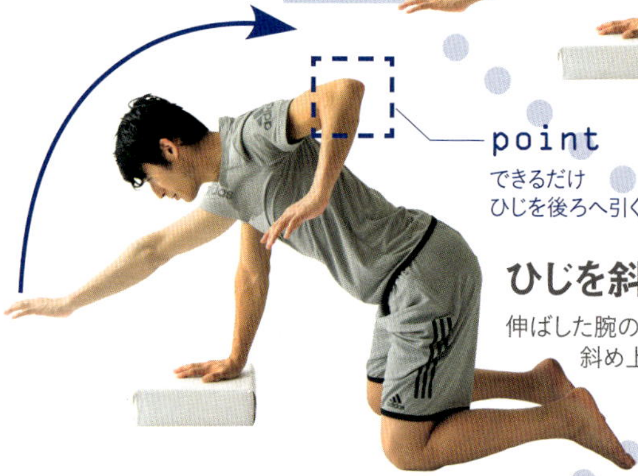

3 ひじを斜め上に引く

伸ばした腕のひじで半円を描くように斜め上に引いていく

4 腕を斜め前に伸ばす

半円を描くようにひじを動かしながら、再び**2**の位置に腕を伸ばす。**2**~**4**をリズミカルに繰り返したら、反対側も同様に

動的ストレッチ③ 首〜背中

20回

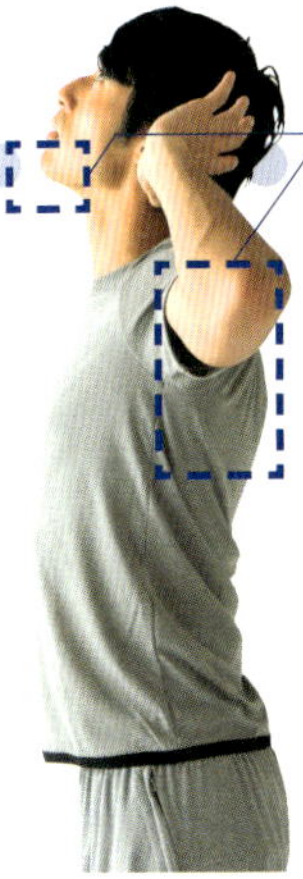

1

point
あごを上に向け
肩甲骨を寄せる

ひじを開き頭を後ろに倒す

両手をそれぞれ左右の耳あたりに添える。息を吸いながら、ひじを左右に開きつつ、上体を反らすように胸を大きく開く。同時に頭を後ろに倒す

2

point
首の背面に
伸びを感じる

ひじを閉じながら頭を前に傾ける

息を吐きながらひじを閉じて背中を丸めていく。同時に頭を前に傾ける。首に痛みの生じない範囲でリズミカルに繰り返す

動的ストレッチ④ 体幹

20回

1

背中を弓なりに反らせる

手は肩の真下、ひざは腰の真下について四つんばいになる。息を吸いながら背中を反らせる。顔は自然に斜め上を向く

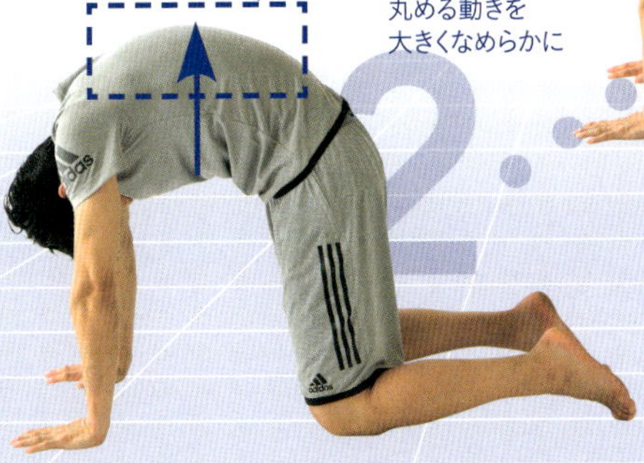

2

point
背中を反らせて
丸める動きを
大きくなめらかに

できるだけ背中を丸める

息を吐きながらお腹を凹ませるようにして、できるだけ背中を丸くする。視線はおへそをのぞき込むようにする。リズミカルに繰り返す

動的ストレッチ⑤ 体側

20回 左右

1

腕を左右に広げて腰を落とす

肩の高さで両腕を左右に伸ばし、手のひらを正面に向ける。両足を肩幅より広く開き、つま先をやや外側に向けて腰を落とす。このとき、ひざの向きは足先に合わせる

NG

腰やひざの位置が動く

動作の最中、腰やひざの位置が動くと体側はしっかり伸びない

2

3

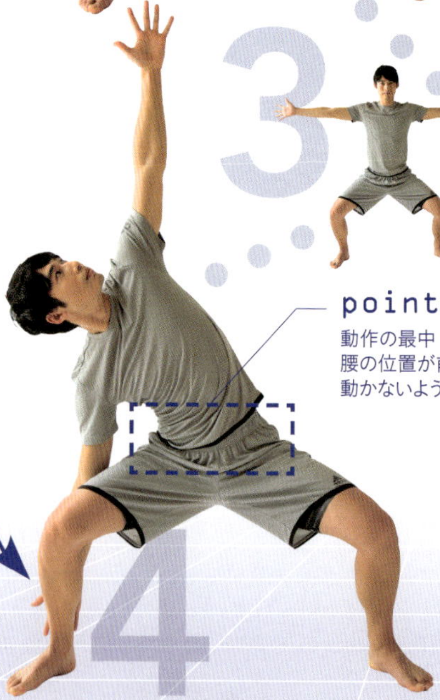

4

point

動作の最中
腰の位置が前後左右に
動かないよう注意

左右交互に上体を真横に倒す

息を吐きながら、上体を左右どちらかに真横に倒す。一方の腕は真上に伸ばし、もう一方は下ろして同じ側の足首にタッチ。いったん**1**の姿勢に戻り、逆側も同様に。大きな動きでリズミカルに繰り返す

動的ストレッチ 6 腰〜股関節〜お尻

20回 左右

一方の足を一歩後ろへ

壁の横に立つ。壁に手をつき、一方の足を後ろに引く

ひざを開いて上げる

後ろの脚を、ひざを外から回すように高く上げる

そのまま ひざを前に 向ける

ハードルをまたぐイメージで、ひざを下げずに前に回す。反対側も同様に。リズミカルに行う

動的ストレッチ⑦ 腸腰筋～股関節まわり

20回 左右

一方のひざを曲げる

うつ伏せになる。両腕を肩の高さで左右に開き、ひじを曲げて手のひらを床につける。一方の脚のひざを直角に曲げる

横から見ると

曲げた脚を逆側に下ろす

息を吐きながら、上げたほうの足をもう一方の脚を越えて床につける。すぐに**1**に戻し、反対側も同様にリズミカルに左右交互に行う。腰が痛む人は無理をしないように

point
左右の肩をなるべく上げずに行う

動的ストレッチ⑧ ハムストリングス

20回 左右

両腕を振り上げ後ろ脚を伸ばす

気をつけの姿勢から、一方の足を前に踏み出しつつ息を吸いながら両腕を頭上に振り上げる。もう一方の足はつま先立ちになる

お尻を引き腕を下ろす

息を吐きながら、お尻を後ろへ引きつつ上体を倒して手をひざのあたりにつく。脚の裏側が伸びるのを感じたら、反対側も同様に。リズミカルに繰り返し行う

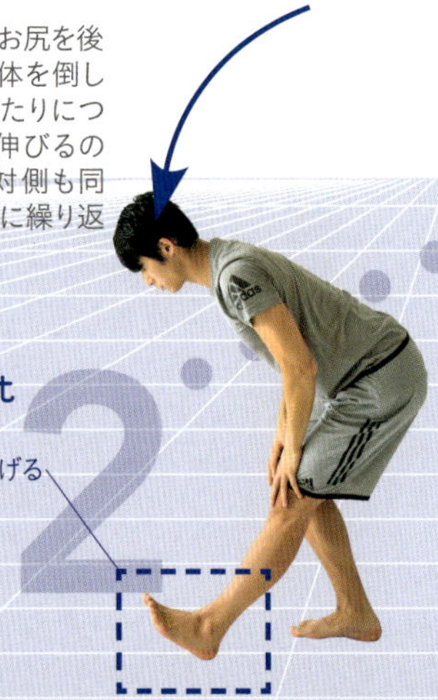

point
つま先をしっかり上げる

chapter 9

世界一伸びるストレッチ

お悩み解消ストレッチ

肩のこりをほぐす

首に近いほうがこる

P.170

肩関節〜肩甲骨②

四つんばいになり、一方の手の下に台を置く。もう一方の腕を斜め前に伸ばしたら、ひじで半円を描くように斜め上に引き、続けてひじで半円を描くように腕を下に回して再び斜め前に伸ばす。反対側も同様に

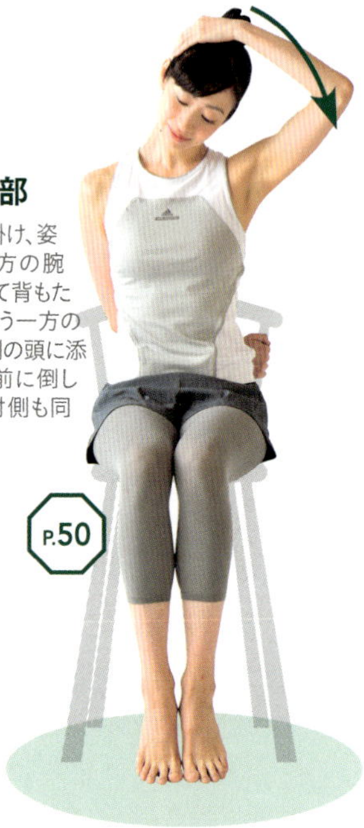

P.50

僧帽筋上部

イスに深く腰掛け、姿勢を正す。一方の腕を背中へ回して背もたれをつかむ。もう一方の手を、手と逆側の頭に添え、頭を斜め前に倒してキープ。反対側も同様に

P.169

肩関節〜肩甲骨①

左右の手の指先を、それぞれ同じ側の肩につく。ひじを上げて、大きく外回しと内回しをする

P.171

僧帽筋上部、頸椎周辺

両手の指を左右の耳あたりにつく。息を吸いながら両ひじを左右に開いて胸を張り、頭を後ろに倒す。息を吐きながら両ひじを閉じて前に下ろす

肩こりと関係が深いのは肩甲骨まわりの筋肉です。
こりの位置に合わせて僧帽筋の上部・中部をほぐします。
動的ストレッチや胸のストレッチを組み合わせると、
こりの解消だけでなく予防にも効果的です

背中のほうがこる

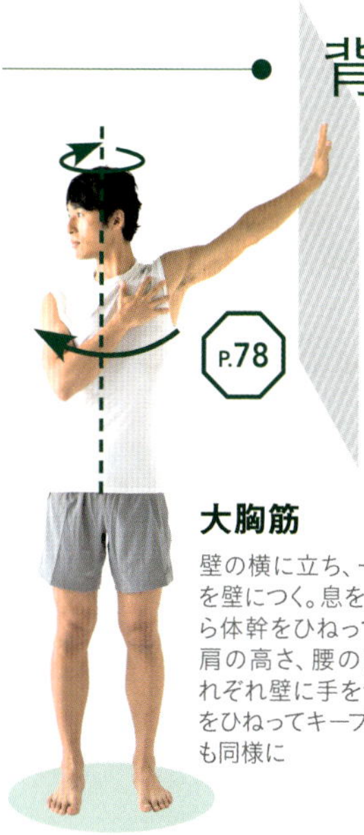

大胸筋

壁の横に立ち、一方の手を壁につく。息を吐きながら体幹をひねってキープ。肩の高さ、腰の高さでそれぞれ壁に手をつき体幹をひねってキープ。反対側も同様に

僧帽筋中部

あぐらをかき、一方の腕は手のひらを外側に向けて安定したものをつかむ。息を吐きつつ、背中を丸めながらできるだけ腰を後ろに引いてキープ。頭は自然に下げる。反対側も同様に

広背筋

あぐらをかいたら両腕を頭上に伸ばし、一方の手でもう一方の手首をつかむ。息を吐きながら手首をつかんだほうの腕で上に引っ張り、上体を斜め前に倒す。両方の坐骨を床につけたままキープ。反対側も同様に

体側

両足を左右に大きく開き、両腕を肩の高さで左右に伸ばす。息を吐きながら、左右交互に上体を真横に倒す

肩関節～肩甲骨①

左右の手の指先を、それぞれ同じ側の肩につく。ひじを上げて、大きく外回しと内回しをする

腰の痛みをやわらげる

大臀筋《だいでんきん》

ひざ立ちから上半身を前に倒し、両手を床につく。一方の脚はひざ下が肩と平行になるようひざを曲げ、もう一方の脚は後ろに伸ばす。息を吐きながら、できるだけ腰を深く沈める。反対側も同様に

P.100

P.96

大臀筋

あぐらをかき、一方の脚を少し前に出してクッションに乗せる。手は床につき、息を吐きながら腰から背中をまっすぐ保ったまま、上半身を前に倒してキープ。反対側も同様に

股関節外旋六筋

あぐらをかき、一方の脚をもう一方の脚でまたぎ、ひざの外側に足をつく。背すじを伸ばし、息を吐きながら、またいだ脚の太ももを胸に引きつけて上体をひねる。視線も後ろに向けてキープ。反対側も同様に

P.106

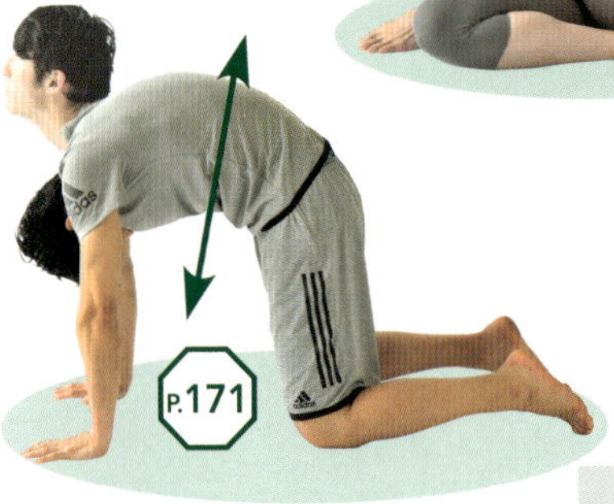

P.171

脊柱起立筋

四つんばいになり、息を吸いながら背中を弓なりに反らせ、吐きながらお腹を凹ませるようにして、できるだけ背中を丸める

腸腰筋

ベッドやベンチなどの横に立つ。近いほうの足の甲をベッドのクッションに乗せる。片手、または両手をベッドにつき、息を吐きながら、腰を深く沈めてキープ。反対側も同様に

P.110

お尻の筋肉、あるいは脊柱起立筋などの柔軟性の低下が腰の痛みを誘発します。
また、硬くなると反り腰の原因になる腸腰筋や坐骨神経痛の原因になる梨状筋（股関節外旋六筋）のストレッチも必須です

前屈すると痛む人はこれをプラス

P.82

腹直筋

うつ伏せになり、肩の下にひじがくるようにして上体を起こす。お腹を凹ませながら息を吐ききり、次に鼻から息を吸ってお腹を膨らませる

体を反らせると痛む人はこれをプラス

P.90

脊柱起立筋

うつ伏せでバランスボールに乗る。ボールを前に転がしながら上体を完全に乗せて、両足と両腕を床につける。安定したら腰を脱力させ、キープ

老化姿勢を防ぐ

大胸筋

壁の横に立ち、一方の手を壁につく。息を吐きながら体幹と顔をひねってキープ。肩の高さ、腰の高さでそれぞれ壁に手をつく位置を変え体幹をひねってキープ。反対側も同様に

腸腰筋

ベッドやベンチなどの横に立つ。近いほうの足の甲をベッドのクッションに乗せる。片手、または両手をベッドにつき、息を吐きながら、腰を深く沈めてキープ。反対側も同様に

大腿四頭筋

あぐらをかいたら一方の脚を外に逃がす。逃がしたほうの脚を、お尻の後ろ側に引いて股関節を開く。息を吐きながら上体をしっかりひねってキープ。反対側も同様に

大腿四頭筋

一方の手は壁につき、もう一方の手で同じ側の足のつま先をつかむ。息を吐きながら、つかんだ足のかかとを同じ側のお尻の中央、外側、内側へと引き寄せ、それぞれでキープ。反対側も同様に

歩幅の狭まりと猫背は老化の象徴です。
体力が落ち、長時間座ったままで過ごす時間が増えると、
特にひざと骨盤の安定に関わる太ももと、
腸腰筋への影響が大きいのでしっかり伸ばしましょう

ハムストリングス

床に座って一方の脚を前に伸ばし、もう一方の足をひざ下に。息を吐きながら骨盤を立てたまま前屈。伸ばした脚のつま先を天井、内側、外側に向けてそれぞれでキープ。反対側も同様に

P.126

内転筋群

壁の前で足裏を合わせて座り、つま先を壁につける。お尻の後ろ半分の下にクッションを敷き、骨盤を立てる。両手を壁につき、息を吐きながら上体を前に倒してキープ

P.142

内転筋群

あぐらをかいたら一方の脚を横に伸ばし、ストレッチポールなどの上にふくらはぎを乗せる。息を吐きながら、曲げた脚のほうに上半身をひねり、キープ。反対側も同様に

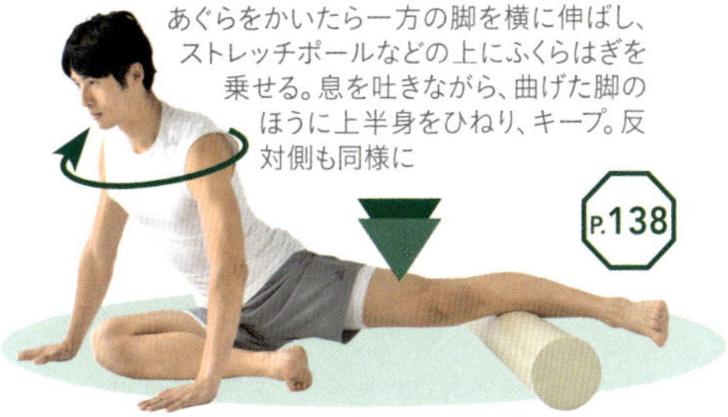

P.138

P.158

ヒラメ筋

正座し、一方のひざを立てる。足裏を床につけたまま、息を吐きながら上体を前に倒す。反対側も同様に

腓腹筋

壁を前にして立つ。一方の足を大きく一歩、後ろに引いてふくらはぎを伸ばす。その際、つま先を正面、内側、外側に向けて、それぞれでキープ。反対側も同様に

P.154

ランニング後の障害予防

大腿筋膜張筋

横に置いたイスの座面に手をつく。イス側の脚をもう一方の脚の後ろを通し、反対側へ伸ばす。息を吐きながら、ひざを曲げて腰を深く沈める。反対側も同様に

股関節外旋六筋

あぐらをかき、一方の脚をもう一方の脚でまたぎ、ひざの外側に足をつく。腰から背中を伸ばし、息を吐きながら、またいだ脚のひざを胸に引きつけて上体をひねる。視線も後ろに向けてキープ。反対側も同様に

足底筋群

床に正座し、つま先を立てる。かかとに体重をかけて、かかとの向きを真上、内側、外側に向けて、それぞれでキープ

前脛骨筋

正座し、すねを体の前に置いたストレッチポールなどに乗せる。甲から足首をしっかり伸ばしてキープ

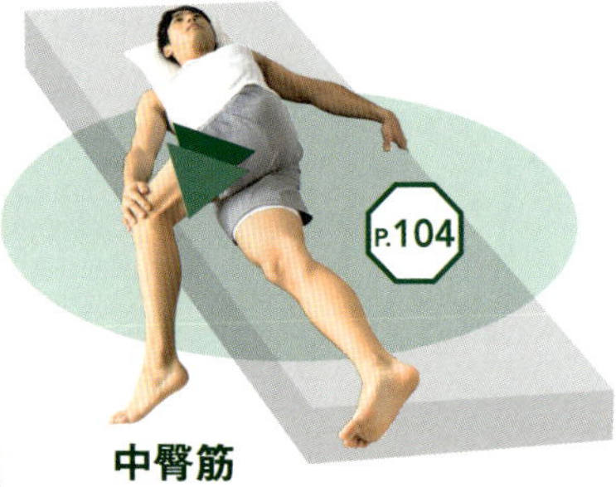

中臀筋

ベッドにあお向けになり、一方の脚のひざを曲げて、もう一方の脚をまたぐ。曲げたひざの外側に逆側の腕の手をつき、ひざ下をベッドの外に下ろしてキープ。反対側も同様に

腸腰筋

ベッドやベンチなどの横に立つ。近いほうの足の甲をベッドのクッションに乗せる。片手、または両手をベッドにつき、息を吐きながら、腰を深く沈めてキープ。反対側も同様に

大臀筋

ひざ立ちから上半身を前に倒し、両手を床につく。一方の脚はひざ下が肩と平行になるようひざを曲げ、もう一方の脚は後ろに伸ばす。息を吐きながら、できるだけ腰を深く沈める。反対側も同様に

走っていて足が着地したときに、ひざにかかる衝撃は体重の2〜3倍。
ひざの障害に関わる太ももまわりの筋肉や大腿筋膜張筋、
歩くとき、走るときつねに使われる股関節外旋六筋、酷使すると
足底筋膜炎の原因となる足裏は必ずケアを

ハムストリングス

床に座って一方の脚を前に伸ばし、足首をストレッチポールなどに乗せる。ひざは軽くゆるめておき、息を吐きながら前屈。つま先を真上、内側、外側に向けてそれぞれでキープ。反対側も同様に

P.130

大腿四頭筋

一方の手は壁につき、もう一方の手で同じ側のつま先をつかむ。息を吐きながら、つかんだ足のかかとを同じ側のお尻の中央、外側、内側へと引き寄せ、それぞれでキープ。反対側も同様に

P.118

腓腹筋

壁を前にして立つ。一方の足を大きく一歩、後ろに引いてふくらはぎを伸ばす。その際、つま先を正面、内側、外側に向けて、それぞれでキープ。反対側も同様に

P.154

内転筋群

あぐらをかいたら一方の脚を横に伸ばし、ストレッチポールなどの上にふくらはぎを乗せる。息を吐きながら、曲げた脚のほうに上半身をひねり、キープ。反対側も同様に

P.138

ヒラメ筋

正座し、一方のひざを立てる。足裏を床につけたまま、息を吐きながら胸で太ももを押す。反対側も同様に

P.158

内転筋群

壁の前で足裏を合わせて座り、つま先を壁につける。お尻の後ろ半分の下にクッションを敷き、骨盤を立てる。両手を壁につき、息を吐きながら上体を前に倒してキープ

P.142

脚のむくみをやわらげる

ふくらはぎから足首まわりをストレッチして血流を促します。
筋肉が伸び縮みすることで生じるポンプ作用で体液を押し流すよう、
ハムストリングスの動的ストレッチもプラス。
デスクワーク中心の方はぜひ休憩時の習慣に

ヒラメ筋

正座し、一方のひざを立てる。足裏を床につけたまま、息を吐きながら胸で太ももを押す。反対側も同様に

P.158

腓腹筋

壁を前にして立つ。一方の足を大きく一歩、後ろに引いてふくらはぎを伸ばす。その際、つま先を正面、内側、外側に向けて、それぞれでキープ。反対側も同様に

P.154

ハムストリングス

一方の足を一歩前に出しながら、両腕を真上に振り上げる。続いて、息を吐きながらお尻を後ろへ引くようにして上体を前に倒す動きをリズミカルに繰り返す。反対側も同様に

P.174

appendix

タイプ別インデックス

体がとても硬い人のストレッチ

イスを利用して行うストレッチ　ベッド等の段差を利用して行うストレッチ　道具を使って行うストレッチ

柔軟性に自信がない……

体の硬さが気になる人も
やりやすいストレッチを一覧にまとめました。
ハムストリングスや骨盤まわりがよく動くようになると、
他の部位の柔軟性も
高まりやすいので優先的にケアしましょう。

腓腹筋 P.156

ヒラメ筋 P.160

ハムストリングス P.136

腸腰筋 P.113

前脛骨筋 P.163

内転筋群 P.140

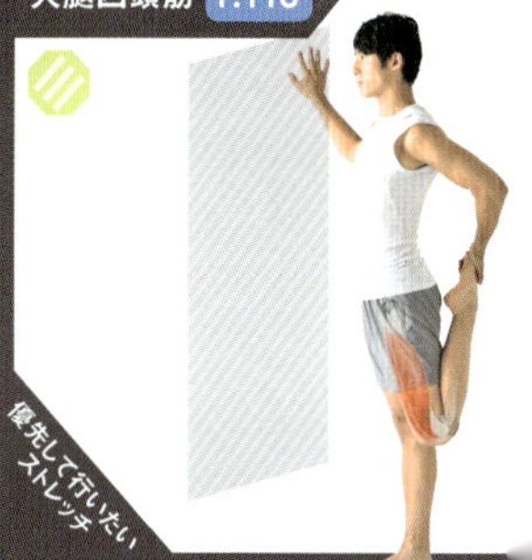

大腿四頭筋 P.118

足底筋群 P.165

内転筋群 P.144

ハムストリングス P.128

壁を利用して行うストレ

寝る前以外はやりたくない！

寝たままできるストレッチ

リラックスしている寝る前の数分は、
ストレッチのグッドタイミング。
横になったままでできるから日中、
大きなストレスにさらされる首、骨盤まわり、太ももも
脱力させやすく、高い効果が期待できます。

中臀筋 P.105

脊柱起立筋 P.91

僧帽筋上部 P.52

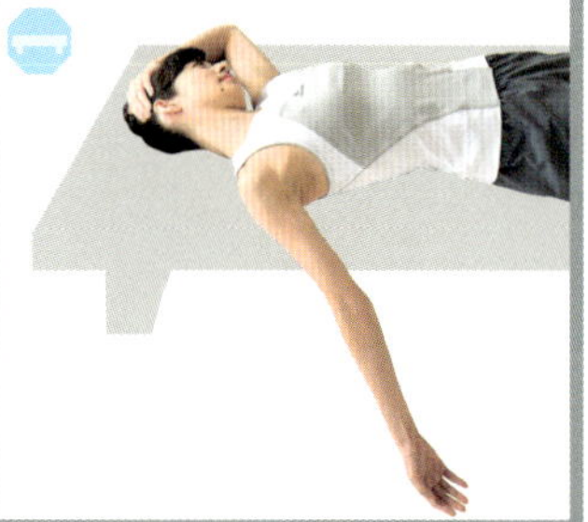

股関節外旋六筋 P.108

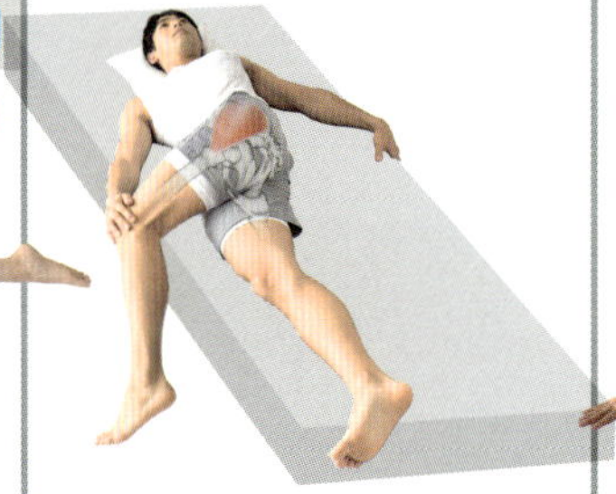

中臀筋 P.104

腹直筋 P.82

イスを利用して行うストレッチ　ベッド等の段差を利用して行うストレッチ　道具を使って行うストレッチ

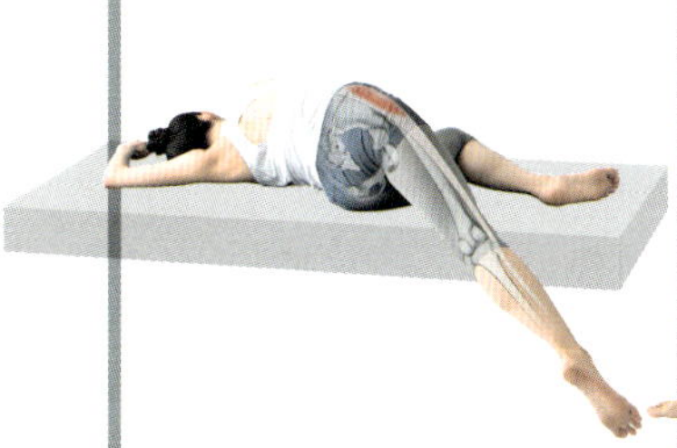

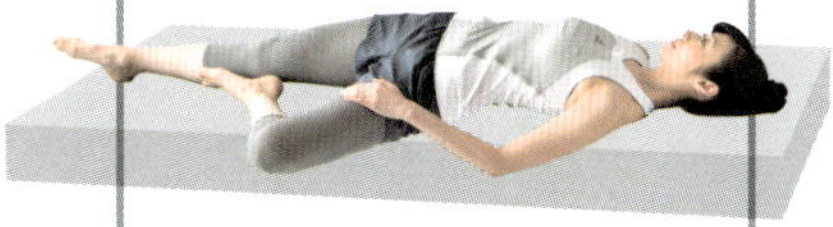

壁を利用して行うストレ

僧帽筋上部 P.50

僧帽筋上部 P.52

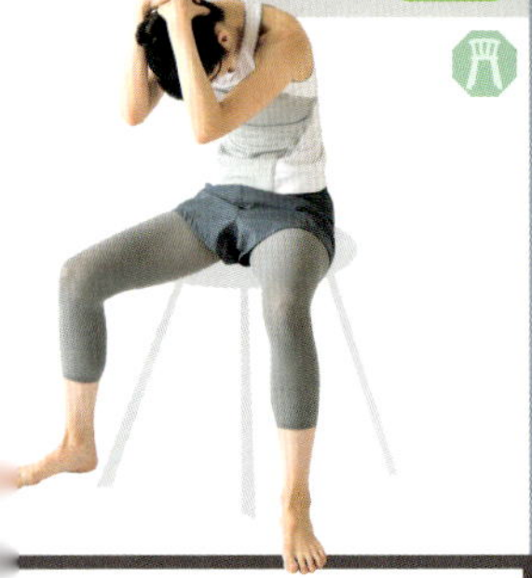

僧帽筋中部 P.56

僧帽筋中部 P.57

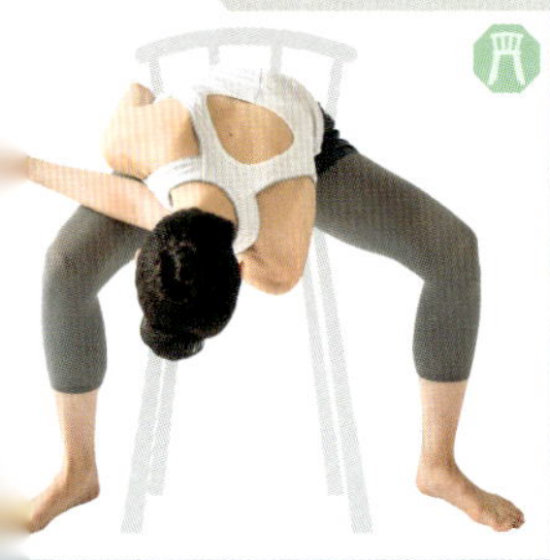

仕事の合間に済ませたい……

オフィスでやりやすいストレッチ

デスクワーク中心の方は特に、
股関節まわりや大臀筋、ハムストリングスが
硬くなりやすい。
時間を見つけて伸ばすようにすると
気分転換になり、
痛みやこりが緩和されて姿勢も良くなります。

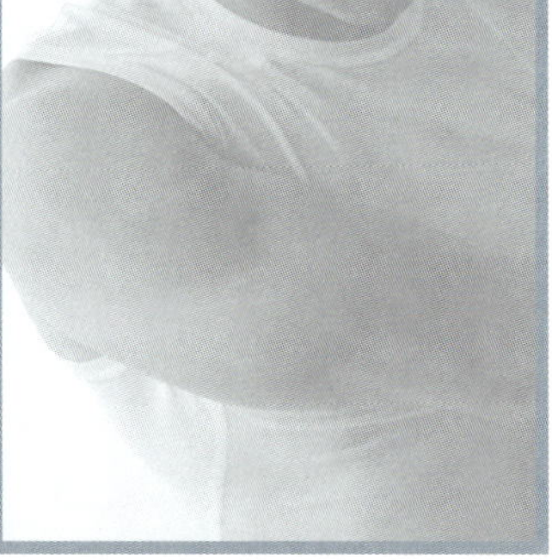

イスを利用して行うストレッチ　ベッド等の段差を利用して行うストレッチ　道具を使って行うストレッチ

壁を利用して行うストレ

中野ジェームズ修一
（なかの・じぇーむず・しゅういち）

1971年生まれ。フィジカルトレーナー／フィットネスモチベーター。米国スポーツ医学会認定エクササイズフィジオロジスト（運動生理学士）。アディダス契約アドバイザリー。日本では数少ない、メンタルとフィジカルの両面を指導できるスポーツトレーナー。トップアスリートや一般の個人契約者の、やる気を高めながら肉体改造を行うパーソナルトレーナーとして数多くのクライアントを持つ。現在は卓球の福原愛選手や大学陸上部のトレーナーも務めつつ、講演会なども全国で精力的に行っている。
おもな著書に、『下半身に筋肉をつけると「太らない」「疲れない」』（だいわ文庫）、『マラソンで絶対にしてはいけない35のこと』（講談社）などがある。

有限会社スポーツモチベーション
http://www.sport-motivation.com

世界一伸びる ストレッチ

2016年 2 月15日　初 版 発 行
2018年 1 月15日　第32刷発行

著　　者　中野ジェームズ修一

発 行 人　植木 宣隆

発 行 所　株式会社サンマーク出版
東京都新宿区
高田馬場2-16-11
電話 03-5272-3166

印刷・製本　共同印刷株式会社

ISBN978-4-7631-3522-3 C2075

ホームページ　http://www.sunmark.co.jp